Zahlenzauber 3

Mathematikbuch
für die Grundschule

Allgemeine Ausgabe

Erarbeitet von
Bettina Betz
Angela Bezold
Ruth Dolenc-Petz
Hedwig Gasteiger
Carina Hölz
Petra Ihn-Huber
Christine Kullen
Elisabeth Plankl
Beatrix Pütz
Carola Schraml
Karl-Wilhelm Schweden

Unter Beratung von
Juliane Leuders

Illustriert von
Mathias Hütter
Renate Möller

Ich bin Bim.

Ich bin Simsala.

Und ich bin Eulalia.

Dieses Lehrwerk ist auch als E-Book auf *www.cornelsen.de/e-books* verfügbar.

Oldenbourg Schulbuchverlag, München

Inhaltsverzeichnis

	Titel	Seite	Inhaltsbezogene Kompetenzen
1. Lernabschnitt	Ferienerinnerungen	4/5	**Sachsituationen**
	Hunderter, Zehner, Einer	6/7	**Zahlen und Operationen**
	100 und über 100 hinaus	8/9	Zahlen erfassen
	Addieren ⊕ über den Zehner / Subtrahieren ⊖ über den Zehner	10/11	**Zahlen und Operationen** Plus- und Minusrechnen bis 100
	Verschiedene Rechenwege	12/13	
	Rechnen mit Ziffernkarten / Rechendreiecke	14/15	
	Wie Kinder ihre Freizeit verbringen **Schwerpunkt Kompetenz Kommunizieren**	16/17	**Daten, Häufigkeiten, Wahrscheinlichkeiten** Daten erfassen und darstellen
	In einer alten Ritterburg	18/19	**Raum und Form** sich im Raum orientieren
	Ritterburg und Schlossgespenst	20/21	**Größen und Messen** Größen in Sachsituationen
	Grundwissen ①	22/23	**Grundwissen**
2. Lernabschnitt	Viele Möglichkeiten	24/25	**Sachsituationen**
	Einmaleins üben	26/27	**Zahlen und Operationen** Malnehmen und Teilen
	Einmaleins-Verwandtschaften **Schwerpunkt Kompetenz Argumentieren**	28/29	
	Multiplizieren ⊙ und Dividieren ⊘ gehören zusammen	30/31	
	Beim Dividieren bleibt manchmal ein Rest	32/33	
	Preise mit Komma und Strich	34/35	**Größen und Messen** Größen in Sachsituationen
	Auf dem Volksfest	36/37	
	Wahrscheinlich – unmöglich	38/39	**Daten, Häufigkeiten, Wahrscheinlichkeiten** Zufallsexperimente und Wahrscheinlichkeiten
	Tausender, Hunderter, Zehner, Einer	40/41	**Zahlen und Operationen** Zahlen bis 1000 erfassen
	1000 – eine überschaubare Zahl	42/43	
	Legen, spielen, rechnen mit der Stellenwerttafel	44/45	
	Tausenderseil und Zahlenstrahl	46/47	
	Grundwissen ②	48/49	**Grundwissen**
3. Lernabschnitt	Kopfrechnen bis 1000	50/51	**Zahlen und Operationen** Plus- und Minusrechnen bis 1000
	Addition bis 1000 – Rechenwege **Schwerpunkt Kompetenz Darstellen**	52/53	
	Subtraktion bis 1000 – Rechenwege	54/55	
	Körper / Der Würfel – ein besonderer Quader	56/57	**Raum und Form** geometrische Figuren erkennen, benennen und darstellen
	Körper in der Umwelt	58/59	
	Würfelnetze herstellen / Mit Würfelnetzen experimentieren	60/61	
	Rechentricks bei ⊕ und ⊖	62/63	**Zahlen und Operationen** Plus- und Minusrechnen bis 1000
	Glücksräder erforschen	64/65	**Daten, Häufigkeiten, Wahrscheinlichkeiten** Zufallsexperimente und Wahrscheinlichkeiten
	Skizzen zeichnen / 6 Schritte zur Lösung **Schwerpunkt Kompetenz Modellieren**	66/67	**Sachsituationen**

	Titel	Seite	Inhaltsbezogene Kompetenzen
3. Lernabschnitt	Rätsel aus dem Knobelbuch Schwerpunkt Kompetenz Problemlösen	68/69	Sachsituationen
	So groß bin ich schon! Optische Täuschungen	70/71 72/73	Größen und Messen Längen
	Symmetrische Figuren Bilder erspiegeln / Symmetrisch ergänzen	74/75 76/77	Raum und Form geometrische Abbildungen erkennen, benennen und darstellen
	Grundwissen ③	78/79	Grundwissen
4. Lernabschnitt	Schriftlich addieren Vorsicht Fehler! ⊕ / Übung macht den Meister ⊕	80/81 82/83	Zahlen und Operationen Plusrechnen bis 1000
	Von Gewichten und vom Wiegen Schulranzen-TÜV	84/85 86/87	Größen und Messen Gewichte
	Schriftlich subtrahieren Subtrahieren mit Nullen Schriftlich subtrahieren – so geht es auch Vorsicht Fehler! ⊖ / Übung macht den Meister ⊖ Nun bin ich fit bei ⊕ und ⊖	88/89 90/91 92/93 94/95 96/97	Zahlen und Operationen Minusrechnen bis 1000
	Rechte Winkel und parallele Linien	98/99	Raum und Form geometrische Figuren erkennen, benennen und darstellen
	Geldscheine Rund ums Rad 1000 Schritte – ein Kilometer? Radeln an der Donau	100/101 102/103 104/105 106/107	Größen und Messen Geldwerte Längen
	Marathon in der Pause?	108/109	Sachsituationen
	Multiplizieren ⊙ und Dividieren ⊙ mit 10 und 100 Multiplizieren ⊙ und Dividieren ⊙ mit Zehnerzahlen	110/111 112/113	Zahlen und Operationen Malnehmen und Teilen
	Grundwissen ④	114/115	Grundwissen
5. Lernabschnitt	Genaue und ungefähre Angaben in Tabellen und Diagrammen	116/117	Daten, Häufigkeiten, Wahrscheinlichkeiten Daten erfassen und darstellen
	Den Umfang und die Fläche bestimmen Am Geobrett: Fläche, Umfang, Symmetrie Vergrößern und verkleinern	118/119 120/121 122/123	Raum und Form geometrische Abbildungen erkennen, benennen und darstellen
	Denken, rechnen, knobeln Überschlagen und überprüfen	124/125 126/127	Zahlen und Operationen Plus- und Minusrechnen bis 1000
	Sekunden – Minuten – Stunden	128/129	Größen und Messen Zeit
	Eine Reise nach Berlin	130/131	Größen und Messen Größen in Sachsituationen
	Parkette	132/133	Raum und Form geometrische Muster
	Abschied von der 3. Klasse – Grundwissen ⑤	134/135	Grundwissen

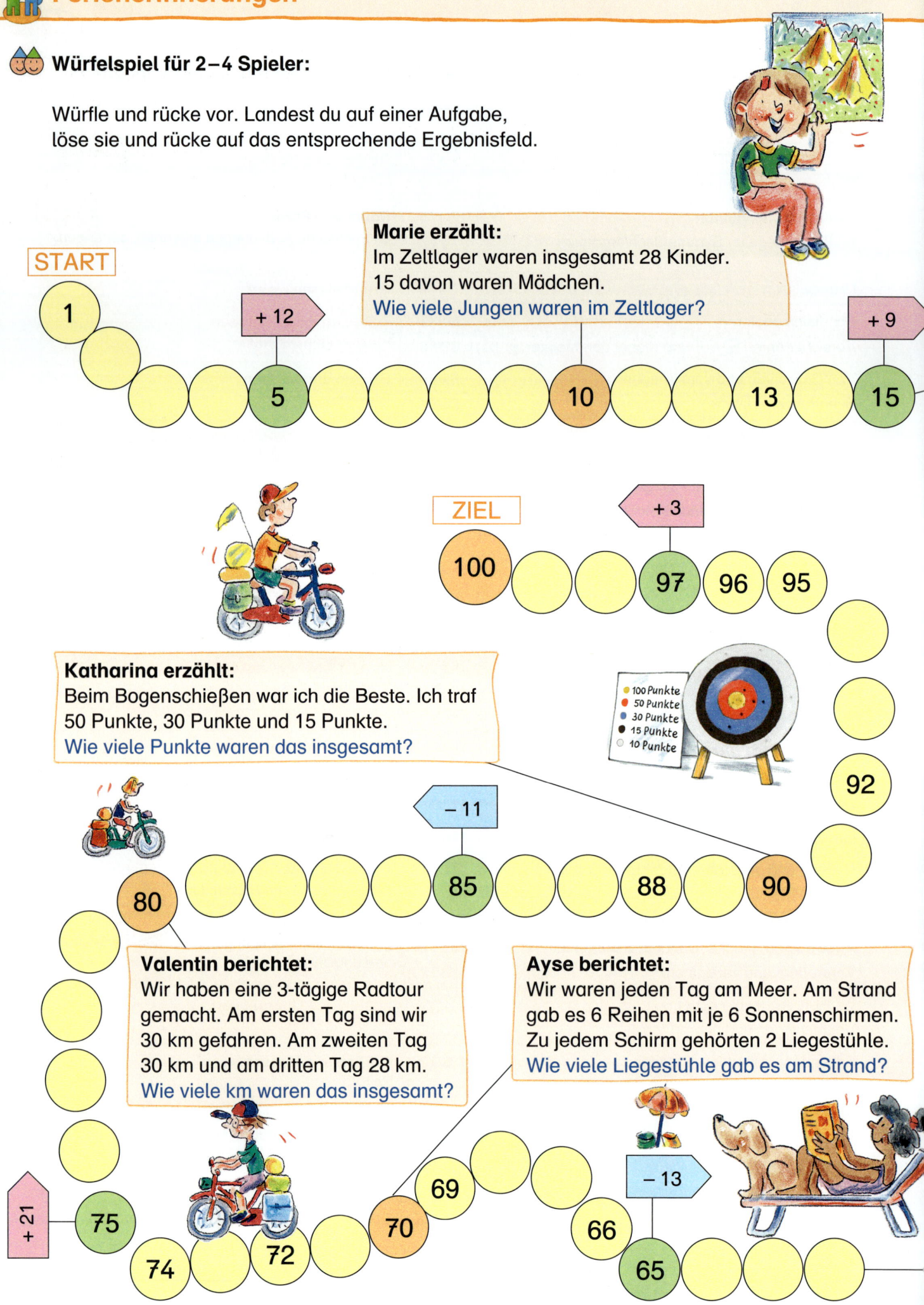

Luis fragt:
Wir hatten 6 Wochen Ferien.
Wie viele Tage waren das?

20 · · · 24 25 · 27 · · 30 (−6)

Sophie erinnert sich:
Wir sind mit dem Hort in den Zoo gegangen. Wir waren 9 Kinder. Jedes Kind musste 3 € bezahlen.
Wie viel hat der Eintritt für alle Kinder gekostet?

19 17

35 (+8) 38

Stefan sagt:
Auf unserem Bauernhof gab es einen Hund, 2 Katzen, 2 Pferde, 8 Schweine, 20 Hühner und 25 Kühe.
Wie viele Tiere waren das?

Amelie erzählt:
Am Strand habe ich 88 Steine gesammelt. Die Hälfte davon habe ich mit nach Hause genommen.
Wie viele Steine sind das?

52 50 · · · · 45 44 43 42 40 (−7)

55 (+14) 58 60

Paul fragt:
Ich war an 11 Tagen im Freibad, jeweils für 6 Stunden.
Wie viele Stunden waren das insgesamt?

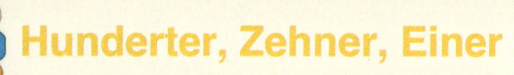# Hunderter, Zehner, Einer

Die Hunderterplatte

Wie viele Zehnerstangen sind es?
Wie viele Einerwürfel sind es?

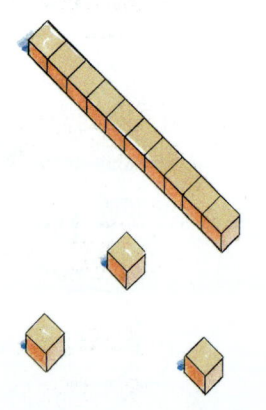

1 Lege, zeichne und trage in die Stellenwerttafel ein.

a)
H	Z	E
1	2	5

b)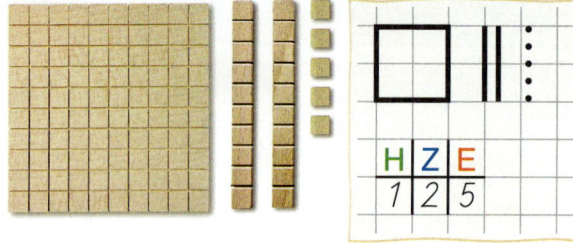

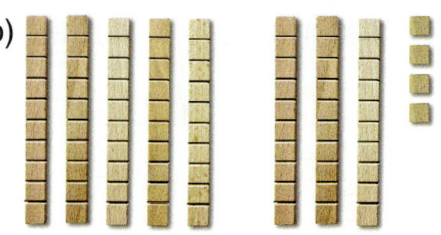

c) 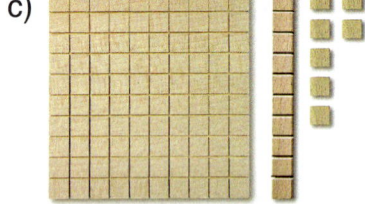   d)    e)

f)    g)    h)  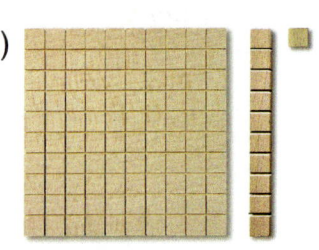   i) ?

2 Zeichne diese Zahlen.

a) 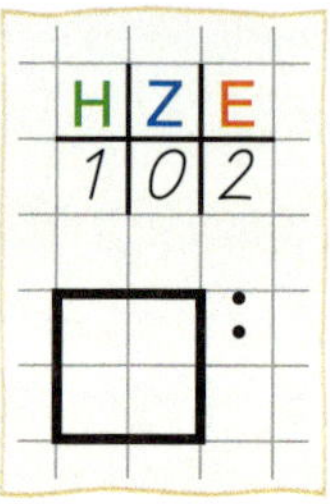
H	Z	E
1	0	2

b)
H	Z	E
1	4	6

c)
H	Z	E
	8	5

d)
H	Z	E
1	6	0

e)
H	Z	E
1	1	7

f)
H	Z	E
	9	2

g)
H	Z	E
1	3	0

h)
H	Z	E
1	0	8

i) ?

③ Rechnen mit Einern und Zehnern ⊕

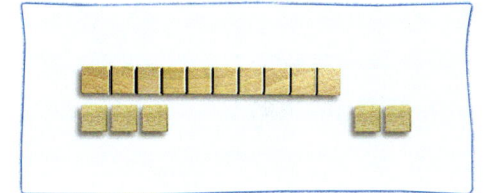 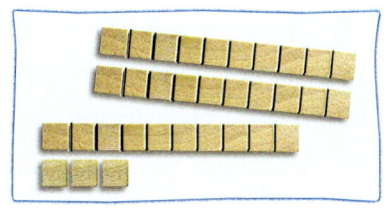 

Welche Stellen verändern sich?

13 + 2 = ☐   13 + 20 = ☐

a) 13 + 2   13 + 20   b) 14 + 3   14 + 30   c) 12 + 4   12 + 40
   27 + 2   27 + 20   61 + 3   61 + 30   53 + 4   53 + 40
   41 + 2   41 + 20   45 + 3   45 + 30   32 + 4   32 + 40

④ Rechnen mit Einern und Zehnern ⊖

 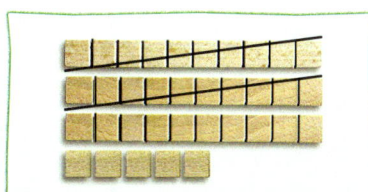 

Welche Stellen verändern sich?

35 − 2 = ☐   35 − 20 = ☐

a) 35 − 2   35 − 20   b) 48 − 3   48 − 30   c) 75 − 4   75 − 40
   46 − 2   46 − 20   79 − 3   79 − 30   86 − 4   86 − 40
   73 − 2   73 − 20   54 − 3   54 − 30   99 − 4   99 − 40

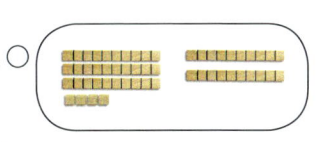

⑤ Lege die Aufgaben mit Material oder im Kopf.
Welche Stellen ändern sich? Rechne.

a) 34 + 20   b) 22 + 5   c) 47 + 30   d) 55 + 2
   34 + 5   22 + 40   47 + 2   55 + 30
   34 + 50   22 + 60   47 + 10   55 + 4
   34 + 34   22 + 37   47 + 22   55 + 23

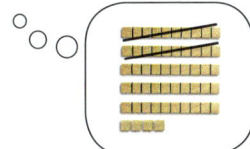

⑥ Lege die Aufgaben mit Material oder im Kopf.
Welche Stellen ändern sich? Rechne.

a) 54 − 20   b) 96 − 3   c) 89 − 8   d) 78 − 60
   54 − 3   96 − 60   89 − 70   78 − 4
   54 − 40   96 − 40   89 − 20   78 − 7
   54 − 12   96 − 25   89 − 13   78 − 43

7

100 und über 100 hinaus

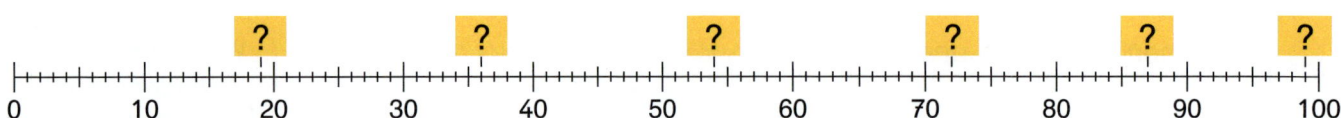

1. Vergleiche die Zahlen von 0 bis 100 mit den Zahlen von 100 bis 200. Was fällt dir auf?

2. Wie heißen die Zahlen auf den ?-Karten? Schreibe sie auf.

3. Wie heißen die Zahlen auf den ?-Karten? Schreibe sie auf.

4. Zahl gesucht

Nenne eine Zahl.
Dein Partner zeigt sie am Zahlenstrahl.

5. Zähle und schreibe auf:

   a) Alle Zahlen …

   … von 30 bis 40,

   … von 130 bis 140.

	3	0,		3	1,		3	2,	…
1	3	0,	1	3	1,	1	3	2,	…

   b) Die geraden Zahlen …

   … von 50 bis 70,

   … von 150 bis 170.

   c) Die ungeraden Zahlen …

   … von 81 bis 101,

   … von 181 bis 201.

   d) ?

6. Schreibe die Zahlen mit ihren Nachbarn auf.

	Vorgänger		Nachfolger

   a) 47

   147

	4	6,		4	7,		4	8
1	4	6,	1	4	7,	1	4	8

   b) 93   c) 26   d) 84   e) 65   f) 58   g) ?
      193   126   184   165   158

7. Schreibe alle Zehnerzahlen mit ihren Nachbarn auf.

Vorgänger	Nachfolger	
	9,	1 0,	1 1
1 0 9,	1 1 0,	1 1 1

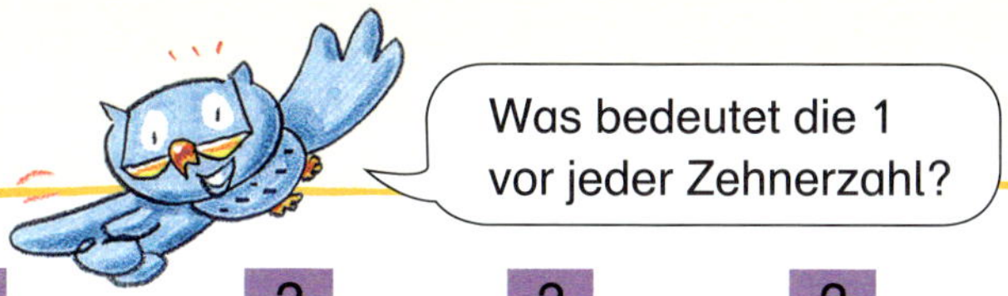

Was bedeutet die 1 vor jeder Zehnerzahl?

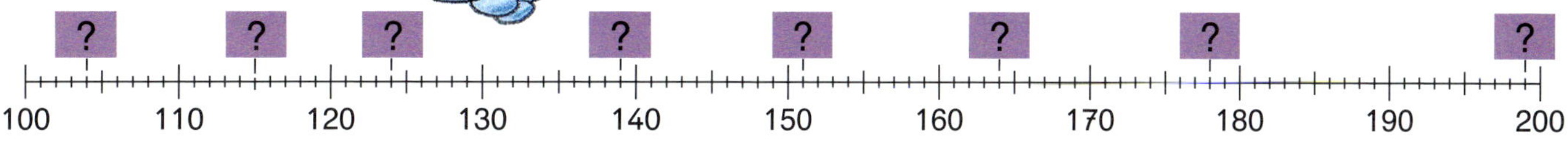

⑧ Vorwärts und rückwärts zählen: Schreibe auf.

a) 85, 86, …, 91
b) 115, 116, …, 121
c) 145, 146, …, 151
d) 83, 82, …, 78
e) 123, 122, …, 118
f) 193, 192, …, 188
g) ?

Ich schreibe die Veränderung auf.

⑨ Setze die Zahlenfolgen fort. Erkläre jeweils das Muster.

a) 72, 74, 76, …, …, …, 84
b) 182, 184, 186, …, …, …, 194
c) 65, 70, 75, …, …, …, 95
d) 105, 110, 115, …, …, …, 135
e) 97, 95, 93, …, …, …, 85
f) 105, 100, 95, …, …, …, 75
g) 195, 190, 185, …, …, …, 165
h) Schreibe weitere Zahlenfolgen in dein .

⑩ Besonders schwierige Zahlenfolgen – erkläre jeweils das Muster.

a) 47, 50, 54, 59, …, …, …, 89
b) 100, 102, 105, 109, …, …, …, 135
c) 130, 135, 133, 138, …, …, …, 144
d) Bilde selbst schwierige Zahlenfolgen.

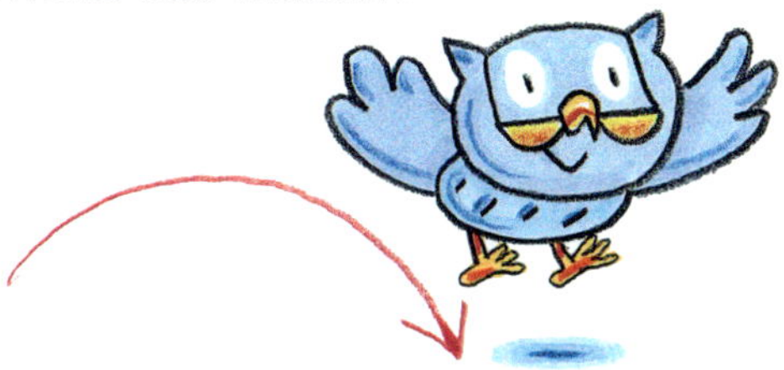

⑪ Zahlenrätsel
Finde die gesuchte Zahl.

Meine Zahl liegt genau in der Mitte zwischen 170 und 180.

Meine Zahl hat 2 gleiche Ziffern. Sie liegt zwischen 130 und 140.

Wie heißt die größte gerade zweistellige Zahl?

Meine Zahl ist kleiner als 200. Sie hat 3 gleiche Ziffern.

?

Schreibe ein Zahlenrätsel in dein .
Dein Partner löst es.

Addieren ⊕ über den Zehner

A|H S. 8

① Lege und rechne.

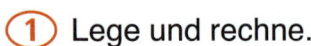
27 + 4

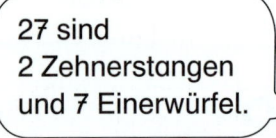
27 sind 2 Zehnerstangen und 7 Einerwürfel.

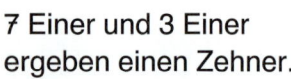
7 Einer und 3 Einer ergeben einen Zehner.

27 + 4 sind dann:

a) 27 + 4
   37 + 5

b) 35 + 6
   26 + 6

c) 39 + 4
   26 + 7

d) 45 + 8
   34 + 9

② Lege die Aufgaben mit Material oder im Kopf. Addiere.

a) 34 + 8
   67 + 5
   85 + 6
   56 + 7

b) 89 + 4
   76 + 7
   45 + 9
   58 + 6

c) 47 + 6
   84 + 9
   68 + 5
   63 + 8

„Addieren" heißt Plusrechnen.

③ Lege und rechne.

2 Zehner und 3 Zehner sind zusammen 5 Zehner.

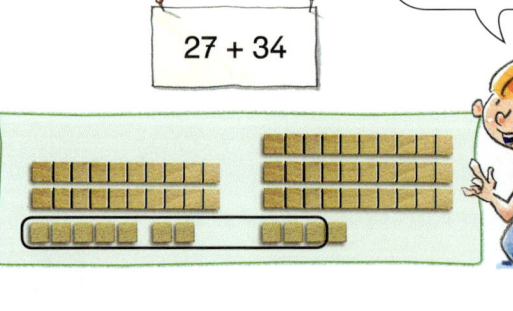
27 + 34

7 Einer und 3 Einer ergeben einen Zehner.

27 + 34 sind dann:

a) 27 + 34
   48 + 13
   57 + 35

b) 46 + 17
   75 + 18
   64 + 29

c) 66 + 27
   53 + 39
   27 + 46

d) 36 + 37
   24 + 39
   35 + 16

④ Rechne auf deinem Weg. Lege mit Material oder im Kopf.

a) 37 + 24
   54 + 47
   35 + 49

b) 38 + 43
   49 + 24
   15 + 47

c) 77 + 15
   36 + 25
   18 + 47

d) 25 + 66
   44 + 17
   27 + 44

e) Erkläre deinen Rechenweg im .

Subtrahieren − über den Zehner

5 Lege und rechne.

23 sind 2 Zehnerstangen und 3 Einerwürfel.

23 − 5

3 Einer kann ich wegnehmen, dann muss ich einen Zehner „knacken".

Es bleiben:

a) 23 − 5
   43 − 5

b) 36 − 8
   42 − 6

c) 52 − 7
   46 − 8

d) 53 − 9
   41 − 7

6 Lege die Aufgaben mit Material oder im Kopf. Subtrahiere.

a) 34 − 6
   64 − 8
   73 − 4
   92 − 7

b) 93 − 6
   53 − 8
   64 − 6
   81 − 3

c) 75 − 9
   62 − 4
   55 − 8
   72 − 6

„Subtrahieren" heißt Minusrechnen.

7 Lege und rechne.

2 Zehner weg, es bleiben 2 Zehner.

43 − 25

3 Einer kann ich wegnehmen, dann muss ich einen Zehner „knacken".

Es bleiben:

a) 43 − 25
   52 − 38
   46 − 37

b) 41 − 18
   52 − 14
   65 − 38

c) 53 − 27
   35 − 19
   44 − 18

d) 42 − 28
   36 − 17
   41 − 26

8 Rechne auf deinem Weg. Lege mit Material oder im Kopf.

a) 85 − 37
   52 − 33
   91 − 73

b) 92 − 54
   76 − 18
   84 − 67

c) 56 − 48
   61 − 48
   72 − 35

d) 92 − 43
   75 − 28
   51 − 37

e) Erkläre deinen Rechenweg im 📖.

Verschiedene Rechenwege

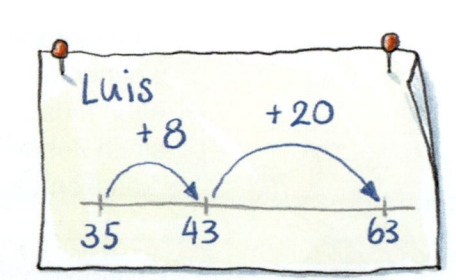
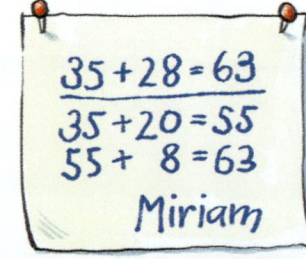

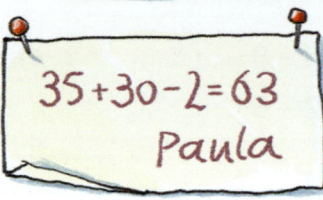

 ① Wie haben die Kinder gerechnet? Wie rechnest du? Vergleiche mit deinem Partner.

| Zehner plus Zehner | Rechentrick: |
| Einer plus Einer | nahe beim vollen Zehner |

| erst plus E, | ? | erst plus Z, |
| dann plus Z | | dann plus E |

② Wie rechnest du? Schreibe oder zeichne deinen Rechenweg auf. Erkläre in deinem 📖.

45 + 27 38 + 24 79 + 15 27 + 56

③ Löse diese Aufgaben mit dem Rechenstrich wie Luis.

26 + 37 65 + 18 24 + 39 46 + 28

④ Löse diese Aufgaben mit Paulas Trick: nahe beim vollen Zehner.

Plus glatte Zehnerzahl, minus zu viel berechnete Einer!

46 + 29 25 + 58 43 + 19 64 + 28

⑤ Rechne auf deinem Weg.

a) 38 + 49   b) 45 + 16   c) 57 + 36   d) 23 + 59
   48 + 17   27 + 25   64 + 28   77 + 17
   66 + 28   53 + 29   19 + 24   46 + 45

43, 52, 61, 65, 82, 82, 87, 91, 92, 93, 94, 94

 6 Wie haben die Kinder gerechnet? Wie rechnest du? Vergleiche mit deinem Partner.

| erst minus E, dann minus Z | Rechentrick: nahe beim vollen Zehner | ? | Was sagst du zu Isabells Weg? |

| ergänzen | erst minus Z, dann minus E |

7 Wie rechnest du? Schreibe oder zeichne deinen Rechenweg auf. Erkläre in deinem 📖.

    65 – 37   93 – 56   76 – 58   72 – 44

8 Löse diese Aufgaben wie Simon durch Ergänzen:

    47 – 38   83 – 76   75 – 66   72 – 54

9 Löse diese Aufgaben mit Leons Trick: nahe beim vollen Zehner.

Minus glatte Zehnerzahl, plus zu viel berechnete Einer!

    46 – 29   58 – 29   41 – 29   64 – 28

10 Rechne auf deinem Weg.

    a) 94 – 38   b) 83 – 68   c) 64 – 26   d) 53 – 17
        56 – 17   74 – 46   63 – 57   94 – 35
        82 – 45   48 – 39   37 – 19   61 – 24

                        6, 9, 15, 18, 28, 36, 37, 37, 38, 39, 56, 59

Rechnen mit Ziffernkarten

① Zahlenpaare addieren:

| 2 | 3 | 4 | 5 |

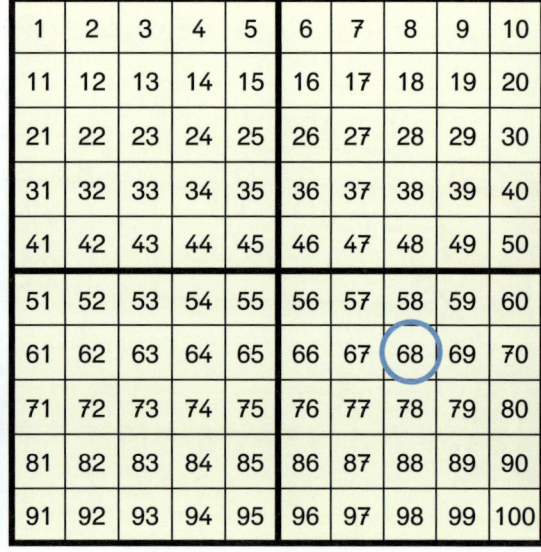

a) Bilde mit diesen Ziffern Zahlenpaare und addiere:

| 2 | 3 | + | 4 | 5 | = 68

| 5 | 2 | + | 3 | 4 | = ☐

Wie viele Rechnungen findest du?
Suche die Ergebnisse in der Hundertertafel.
Was fällt dir auf?

b) | 1 | 2 | 3 | 4 | : Bilde Rechnungen wie in a).

② Subtrahieren mit Spiegelzahlen

| 0 | 1 | 2 | 3 | 4 | 5 | 6 | 7 | 8 | 9 |

a) Wähle 2 Karten.
Bilde daraus Zahl und Spiegelzahl.
Subtrahiere: 52 − 25 = 27.

| 5 | 2 | | 2 | 5 |

Verwende immer wieder andere Karten.
Schreibe jede Rechnung auf:

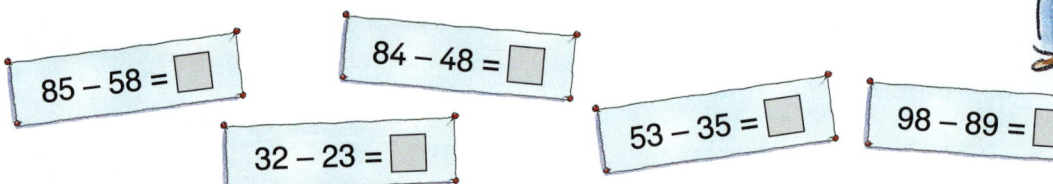

85 − 58 = ☐
84 − 48 = ☐
32 − 23 = ☐
53 − 35 = ☐
98 − 89 = ☐

b) Ordne die Aufgaben nach ihrem Ergebnis. Vergleiche mit deinem Partner. Erkennst du ein Muster?

54 − 45 = 9
42 − 24 = 18
21 − 12 = 9
64 − 46 = ☐
76 − 67 = ☐
…

c) Ordnet die Aufgaben mit dem gleichen Ergebnis. Erkennt ihr ein Muster?
Habt ihr alle Aufgaben mit gleichem Ergebnis gefunden? Begründet.

d) Welche Ergebnisse sind möglich? Findet zu jedem Ergebnis mindestens eine Aufgabe.

Rechendreiecke

A|H S.12

3 Zeichne die Rechendreiecke ins Heft und rechne.

a)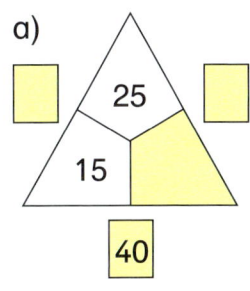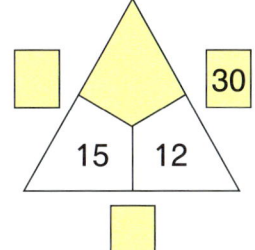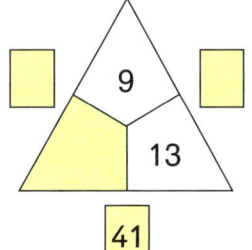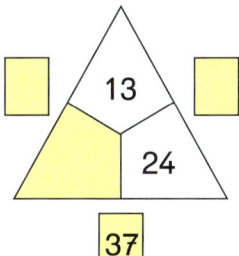

b)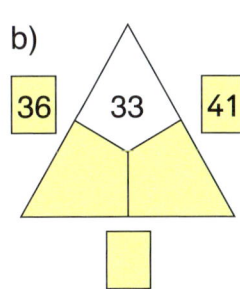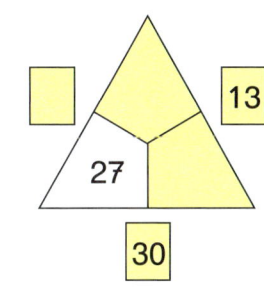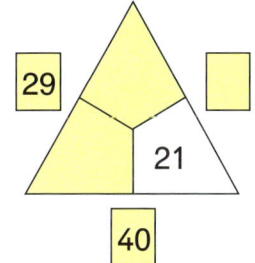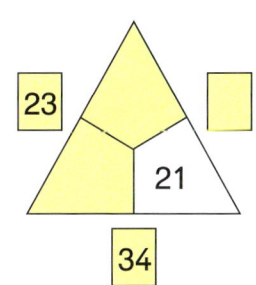

4 Addiere bei jedem Rechendreieck zuerst die Außenzahlen und dann die Innenzahlen. Was stellst du fest?

⭐ Erkläre.

5 a) Finde Rechendreiecke, deren Außenzahlen zusammen 100 ergeben.

b) Erkläre deinem Partner, wie du vorgegangen bist.

6 Hier gibt es mehrere Lösungen. Wie viele findest du?

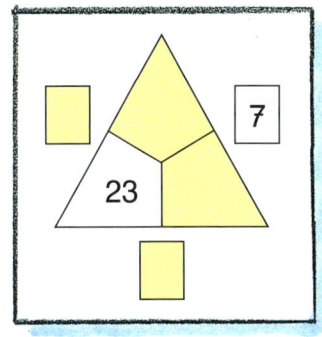

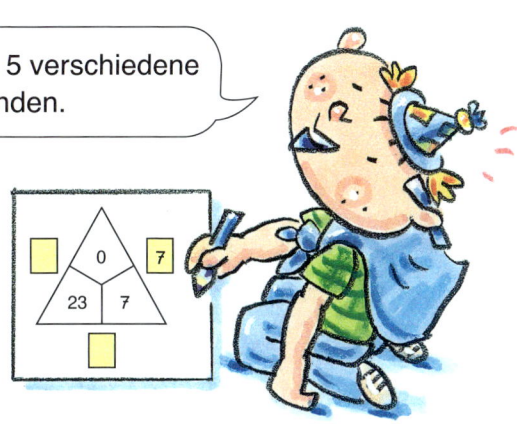

Ich habe schon 5 verschiedene Lösungen gefunden.

Vergleiche auch hier die Innen- und Außenzahlen.

7 Nicht alle Rechendreiecke sind lösbar. Probiere.

Erkläre, warum es nicht immer geht.

a) 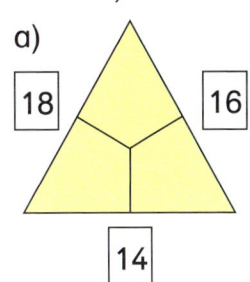 b) 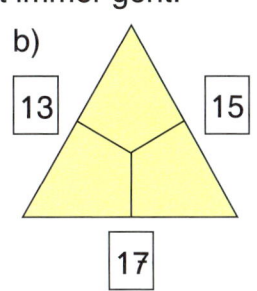 c) 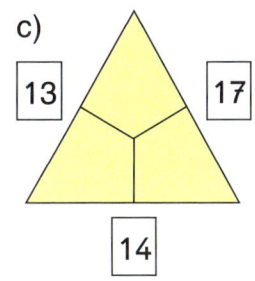 d)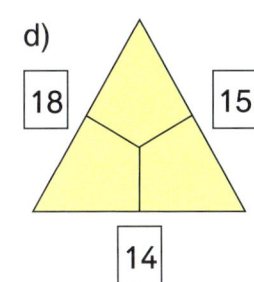

Wie Kinder ihre Freizeit verbringen

1 Kinder der Klasse 3a haben in den 3. Klassen ihrer Schule eine Umfrage durchgeführt. Jeder konnte zwei Lieblingssportarten nennen. Das sind die Ergebnisse:

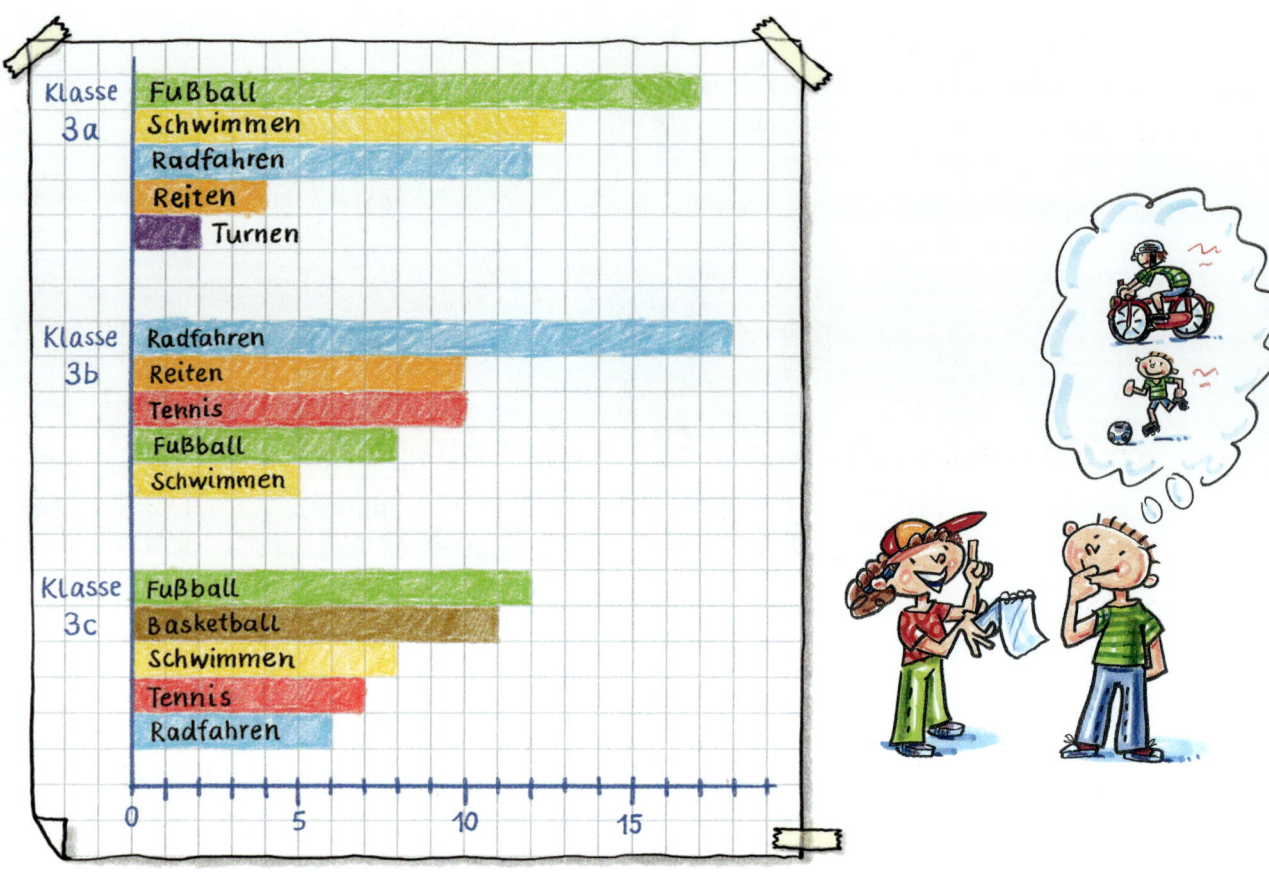

a) Welche Informationen kannst du aus dem Diagramm entnehmen?

b) Vergleiche die einzelnen Klassen:
- Was siehst du auf den ersten Blick?
- Werden in jeder Klasse die gleichen Sportarten genannt?
- …

> **Diagramm** ist das griechische Wort für Schaubild.

c) Erstelle zu diesem Balkendiagramm eine Tabelle.

	Anzahl der Kinder			
	3a	3b	3c	zusammen
Fußball				
Schwimmen				
Radfahren				
…				

d) Zeichne ein Diagramm für die Gesamtergebnisse aus allen 3 Klassen.
Überlege: Wie viel Platz brauchst du für den längsten Balken?

Für jede Klasse eine Spalte, für jede Sportart eine Reihe.

2 Führt eine Umfrage zum Thema „Sport und Freizeit" durch. Erstellt ein Diagramm.

16 Kompetenz: Kommunizieren

③ Dieses Kreisdiagramm zeigt noch weitere Hobbys.

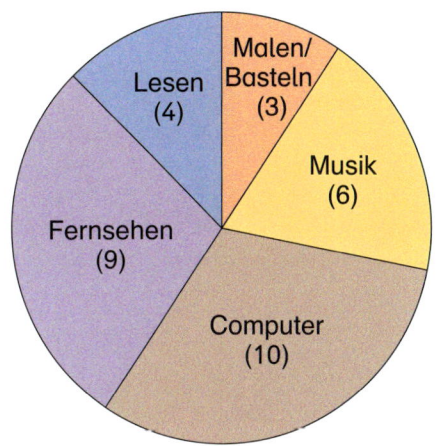

a) Welche Informationen kannst du aus dem Diagramm entnehmen?
b) Was siehst du auf den ersten Blick?
c) Welches Hobby ist am beliebtesten? Welches Hobby nannten die wenigsten Kinder?
d) Ordne die Hobbys nach ihrer Beliebtheit.

Verwende diese Begriffe bei der Erklärung des Diagramms:

Die Hälfte der Kinder …

Doppelt so viele Kinder …

Mehr Kinder … als …

Fast die gleiche Anzahl …

e) Stimmen diese Aussagen?

Musik ist das beliebteste Hobby.

Es mögen weniger Kinder Lesen als Fernsehen.

Malen und Basteln sind fast genauso beliebt wie Lesen.

Computer mögen die meisten.

f) Viele Kinder nennen Fernsehen und Computer als ihre liebsten Hobbys. Was sagst du dazu?

④ Die 3. und 4. Klassen veranstalten einen Sponsorenlauf. Für jeden gelaufenen Kilometer erhält ein Kind 3 €. Die Tabelle zeigt die Ergebnisse der einzelnen Klassen:

Klasse	3a	3b	3c	4a	4b	4c
km	58	57	60	75	71	79

a) Zeichne ein Balkendiagramm. 1 cm entspricht 10 km.
b) Wie viele km sind alle Kinder zusammen gelaufen?
c) Wie viel Geld wurde insgesamt eingenommen?
d) Überlegt euch, wofür ihr einen Sponsorenlauf organisieren könntet.

Kompetenz: Kommunizieren

In einer alten Ritterburg

① Betrachte das Bild der Ritterburg. Welche Gebäude erkennst du?

② Eulalias Blick auf die Kapelle: Wo steht sie jeweils? Beschreibe.

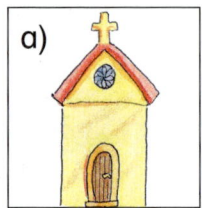 a) 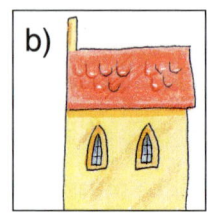 b)  c) 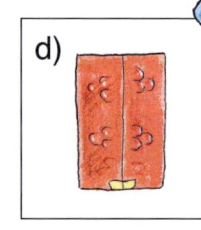 d)

links von

über

vor

rechts von

③ Standort ①, ②, ③ oder ④?
Von welcher Richtung aus sieht man das Gebäude?

 a)  b)  c)  d)

von vorne

von hinten

von links

von rechts

④ Vergleiche das Bild der Burg oben mit dem Plan auf Seite 19.
Welche Unterschiede findest du?

Auf dem Plan ist alles ganz einfach dargestellt, zum Beispiel …

Auf dem Plan sieht man den Turm von oben als …

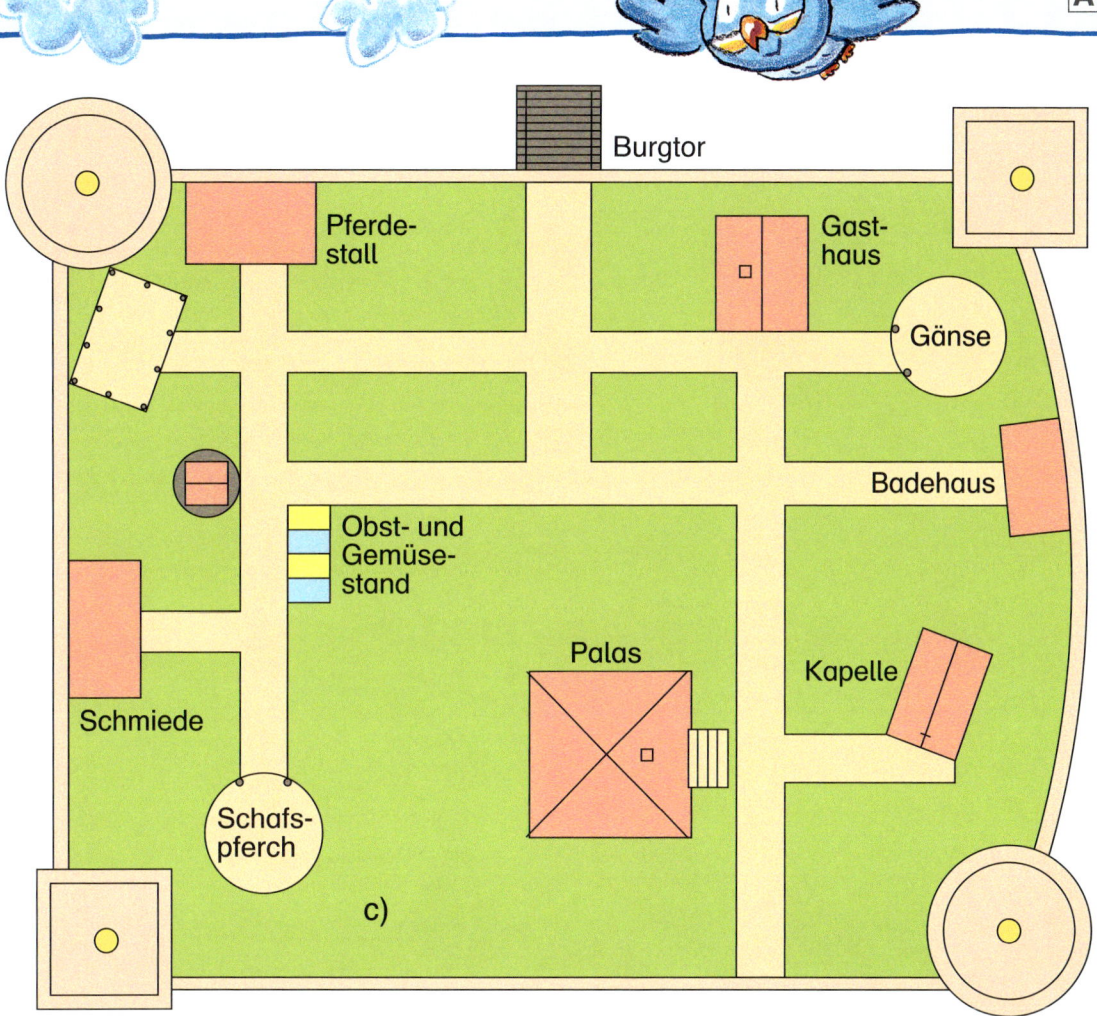

⑤ Orientiere dich im Plan: Wo kommst du an?

Start: Burgtor

Du kommst durch das Burgtor. Biege rechts ab. An der nächsten Kreuzung gehst du links, dann immer geradeaus, bis es nicht mehr weitergeht.
Wo kommst du an?

Start: Schmiede

Starte bei der Schmiede. Biege an der Kreuzung links ab. Bei der ersten Möglichkeit biegst du rechts ab und gehst geradeaus, bis es nicht mehr weitergeht.
Wo kommst du an?

Spiel für 2

Stellt eine Spielfigur auf den Burgplan.
Ein Spieler beschreibt den Weg, der andere Spieler wandert mit der Spielfigur in der Burganlage.

⑥ Beschreibe den Weg.

a) Du gehst vom Burgtor zu den Gänsen.
b) Du stehst am Obst- und Gemüsestand und möchtest zum Gasthaus.
c) Du bist bei den Schafen und willst in die Kapelle.

Wie kommst du wieder zurück?

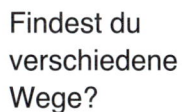

Findest du verschiedene Wege?

 ⑦ Wie soll deine Ritterburg aussehen? Suche Burgen im Internet.

Zeichne einen Plan mit Gebäuden und Wegen in dein .

Erfinde Aufgaben und Rätsel wie bei ⑤ und ⑥. Dein Partner löst sie.

Ritterburg …

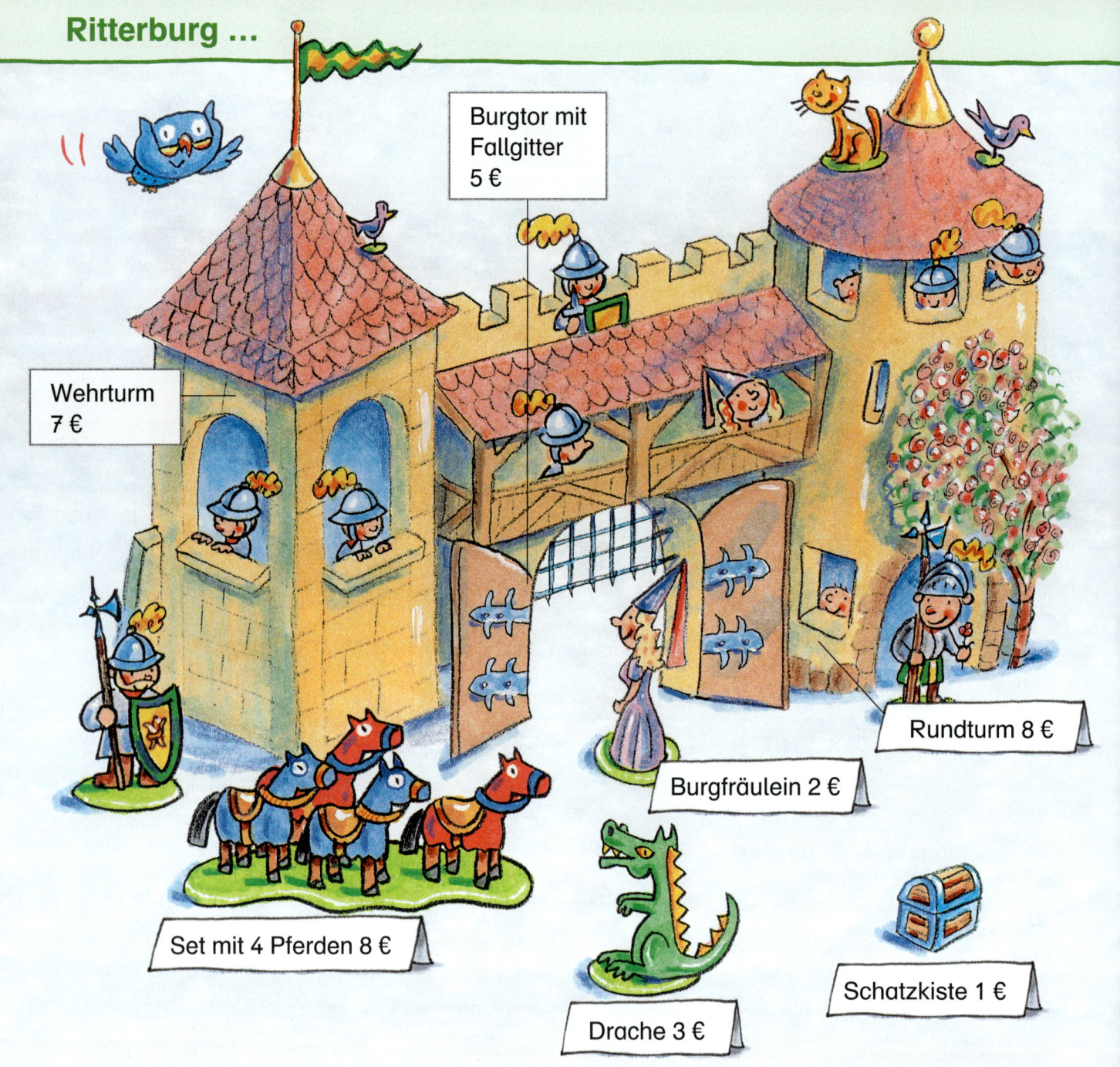

① a) Was hättest du gerne für deine Ritterburg? Sprecht darüber.
   b) Stelle dir deine Wunschburg zusammen. Du hast ungefähr 80 €.

② a) Du kaufst für 35 € Zubehör. Was könntest du kaufen?
   b) Dein Freund hat 40 € für 5 Zubehörteile ausgegeben.
      Was könnte er gekauft haben? Finde verschiedene Möglichkeiten.

③ Angebot der Woche: Burg mit 4 Wehrtürmen, 3 Ringmauern und 1 Burgtor im Set 11 € günstiger.

   Wie teuer ist die Burg jetzt?

④ Belagerungsset im Angebot:
   Rammbock, Katapult und Belagerungsturm kosten im Set 25 €.

   Wie viel Geld kannst du sparen?

... und Schlossgespenst

A|H S. 16

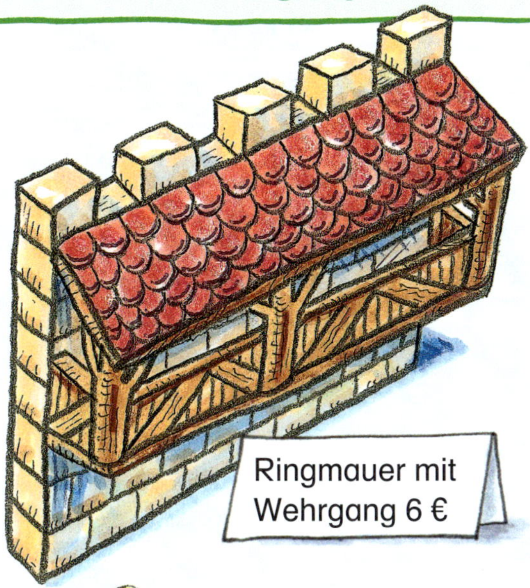

Ringmauer mit Wehrgang 6 €

2 Ritter 7 €

Turnierzubehör für 2 Ritter 6 €

Ritterset 7 €

Belagerungs-turm 12 €

Gespenst 3 €

Brunnen 4 €

Rammbock 9 €

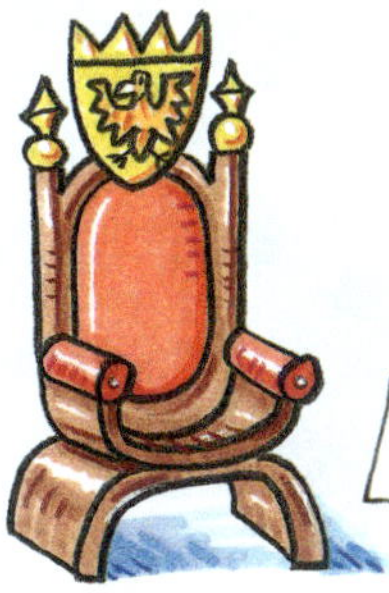

Thron 6 €

Katapult 10 €

⑤ Du wünschst dir für deine Burg noch 10 Ritter. Zusätzlich möchtest du noch 2 Belagerungstürme kaufen.

Was kostet alles zusammen? Reichen dir 60 €?

⭐ ⑥ Du brauchst für dein Ritterturnier 8 Pferde und 6 Ritter mit Turnierzubehör. Zusätzlich möchtest du noch 7 Gespenster, 3 Drachen, 1 Burgfräulein und 5 Schatzkisten.

Was kostet alles zusammen? Reichen dir 100 €?

⑦ Findet ähnliche Aufgaben und schreibt sie auf.

Grundwissen ①

1 Schreibe alle 10er-Zahlen mit ihren Nachbarn in dein 📖.

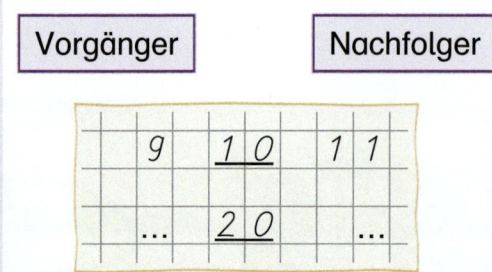

2 Zeichne und trage in die Stellenwerttafel ein.

| 24 | 60 | 39 | 45 | 44 |
| 81 | 5 | 93 | 101 | 110 |

3 Lege die Aufgabe im Kopf.
Welche Stelle ändert sich? Rechne.

a) 23 + 30
    23 + 4

    56 + 3
    56 + 40

b) 71 + 8
    71 + 20

    25 + 4
    25 + 40

c) 60 + 5
    60 + 30

    49 + 1
    49 + 10

| 2 | 3 | + | 3 | 0 | = | ▢ |

4 Lege im Kopf.
Welche Stelle ändert sich? Rechne.

a) 27 − 4
    27 − 10

    95 − 30
    95 − 4

b) 46 − 6
    46 − 40

    75 − 3
    75 − 30

c) 100 − 1
    100 − 10

    58 − 6
    58 − 30

| 2 | 7 | − | 4 | = | ▢ |

5 Lege im Kopf. Rechne.

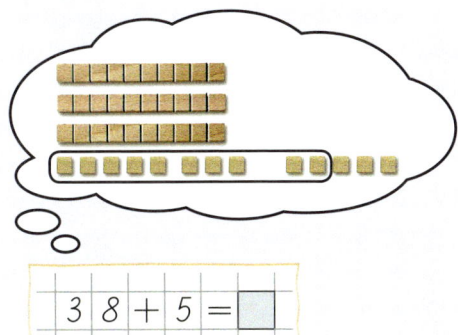

a) 38 + 5	b) 79 + 4	c) 24 + 8
38 + 7	57 + 7	67 + 5
38 + 3	45 + 8	55 + 9
38 + 6	82 + 9	36 + 6

| 3 | 8 | + | 5 | = | |

6 Lege im Kopf. Rechne.

a) 34 − 7	b) 72 − 6	c) 92 − 7
34 − 5	81 − 4	64 − 6
34 − 9	33 − 5	75 − 9
34 − 8	42 − 7	36 − 8

| 3 | 4 | − | 7 | = | |

7 Lege im Kopf. Rechne.

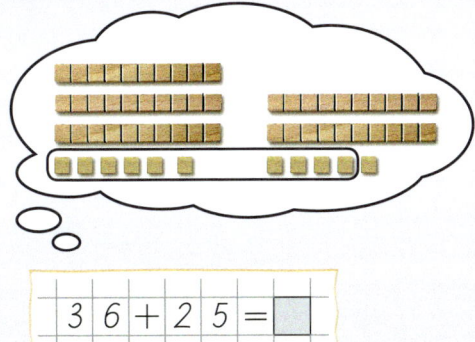

a) 36 + 25	b) 74 + 18	c) 47 + 25
36 + 47	56 + 25	27 + 46
36 + 36	65 + 37	18 + 45
36 + 19	28 + 44	34 + 57

8 Lege im Kopf. Rechne.

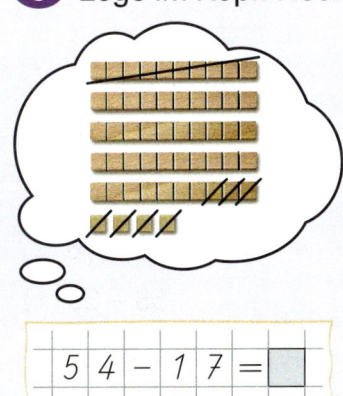

a) 54 − 17	b) 81 − 24	c) 95 − 36
54 − 35	63 − 37	56 − 29
54 − 28	77 − 39	84 − 15
54 − 16	43 − 25	72 − 27

| 5 | 4 | − | 1 | 7 | = | |

Viele Möglichkeiten

① Simsala hat ein Klappmännchen-Buch mit 3 Figuren gebastelt.

Pipo — Frau Heizberg — Klaus

Sie klappt verschiedene Figuren:

Wie viele Figuren kann sie klappen? Vermute.

② Erstelle selbst ein Klappmännchen-Buch mit 3 Figuren.

> Nimm ein dünnes Heft und schneide es in 3 Teile.
>
> Achtung: Die erste und letzte Seite nicht durchschneiden!

a) Wie viele Figuren kannst du klappen? Zeichne oder schreibe deine Lösung auf.

b) Welche Lösungen habt ihr gefunden? Sind das alle?

c) Erkläre, wie die Kinder aufgeschrieben und gezeichnet haben. Findest du fehlende Lösungen?

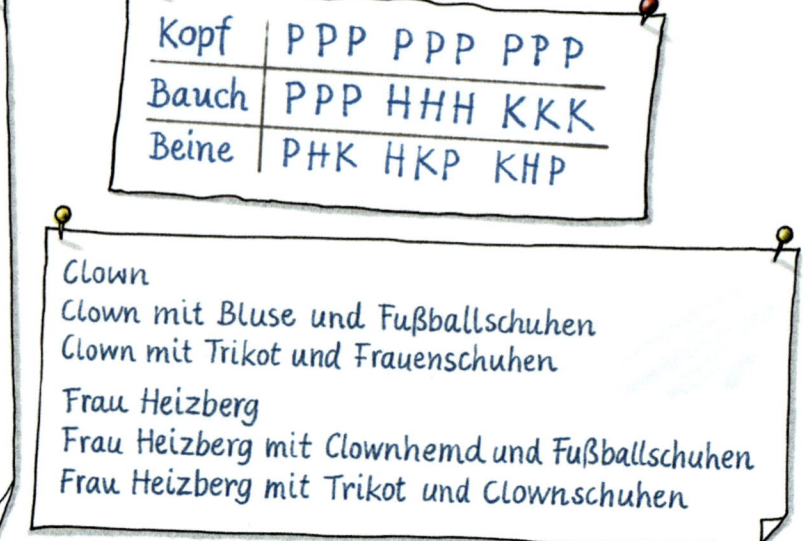

③ a) Simsala zeichnet einen Plan.
Kannst du ihn erklären?

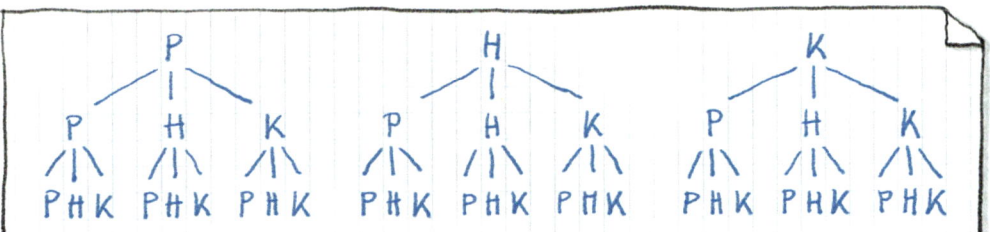

b) Zeichne einen Plan zu deinen Klappmännchen-Figuren.

c) Wie viele Figuren kannst du bilden, wenn du …

- … zwei Figuren gemalt hast?
- … vier Figuren gemalt hast?

Vermute und zeichne oder schreibe auf.

④ Vier Fußballmannschaften spielen ein Turnier.

Mannschaft rot   Mannschaft gelb   Mannschaft grün   Mannschaft blau

Jede Mannschaft spielt gegen jede.

a) Wie viele Spiele gibt es? Vermute.
Du kannst mit Steckwürfeln legen oder dir Zettel schreiben.

Zeichne oder schreibe deine Lösung auf.

 b) Vergleicht eure Ergebnisse und Zeichnungen.

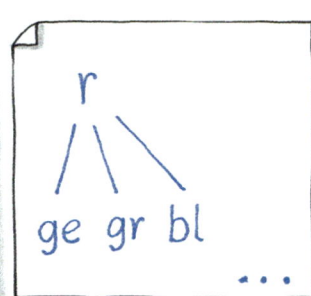

⑤ Wie viele Spiele gibt es, wenn …

- … drei Mannschaften spielen?
- … fünf Mannschaften spielen?
- …

Vermute. Lege, zeichne oder schreibe auf.

Einmaleins üben

1 Die Einmaleinstabelle

a) Was bedeuten die Farben Rot, Weiß, Gelb?

b) Welche Kernaufgaben kannst du noch auswendig?

•	1	2	3	4	5	6	7	8	9	10
1	1·1	1·2	1·3	1·4	1·5	1·6	1·7	1·8	1·9	1·10
2	2·1	2·2	2·3	2·4	2·5	2·6	2·7	2·8	2·9	2·10
3	3·1	3·2	3·3	3·4	3·5	3·6	3·7	3·8	3·9	3·10
4	4·1	4·2	4·3	4·4	4·5	4·6	4·7	4·8	4·9	4·10
5	5·1	5·2	5·3	5·4	5·5	5·6	5·7	5·8	5·9	5·10
6	6·1	6·2	6·3	6·4	6·5	6·6	6·7	6·8	6·9	6·10
7	7·1	7·2	7·3	7·4	7·5	7·6	7·7	7·8	7·9	7·10
8	8·1	8·2	8·3	8·4	8·5	8·6	8·7	8·8	8·9	8·10
9	9·1	9·2	9·3	9·4	9·5	9·6	9·7	9·8	9·9	9·10
10	10·1	10·2	10·3	10·4	10·5	10·6	10·7	10·8	10·9	10·10

Das kleine Einmaleins!

2 a) Schreibe die Kernaufgaben ·1 ·2 ·5 ·10 und die Quadrataufgaben in dein .

b) Betrachte die Spalten und Zeilen mit den Kernaufgaben. Was fällt dir auf?

In der Zehnerspalte haben alle Ergebnisse an der Einerstelle … Wie ist das in der Zehnerzeile?

In der Zweierspalte sind alle Ergebnisse … Und in der Zweierzeile?

In der Fünferspalte …

In der …

3 Schreibe die Kernaufgaben auf Karteikarten: Färbe die rechte obere Ecke der Karten gelb. Schreibe das Ergebnis auf die Rückseite. Übe allein oder mit deinem Partner.

| 4 · 5 | | 20 | |  | | 8 · 8 | | 64 |

4 Ergebnisse von Kernaufgaben: Finde passende Malaufgaben.

a) 18
14
10
16

a) 18 = 9 · 2
18 = 6 · 3
…

b) 35
60
8
45

c) 64
81
36
9

d) 49
40
15
12

26

5 Wie rechnest du?

6 Beschreibe die Rechenwege der Kinder oben.

7 Rechne auf deinem Weg.

a) 7 · 3
7 · 6

b) 8 · 6
4 · 8

c) 9 · 7
4 · 9

d) 9 · 8
3 · 6

e) 3 · 9
6 · 9

 8 Schreibe alle weißen Aufgaben mit ihrem Ergebnis auf Karteikarten. Übe diese Aufgaben immer wieder, alleine oder mit deinem Partner.

| 6 · 7 | | 42 | |  | | 7 · 8 | | 56 |

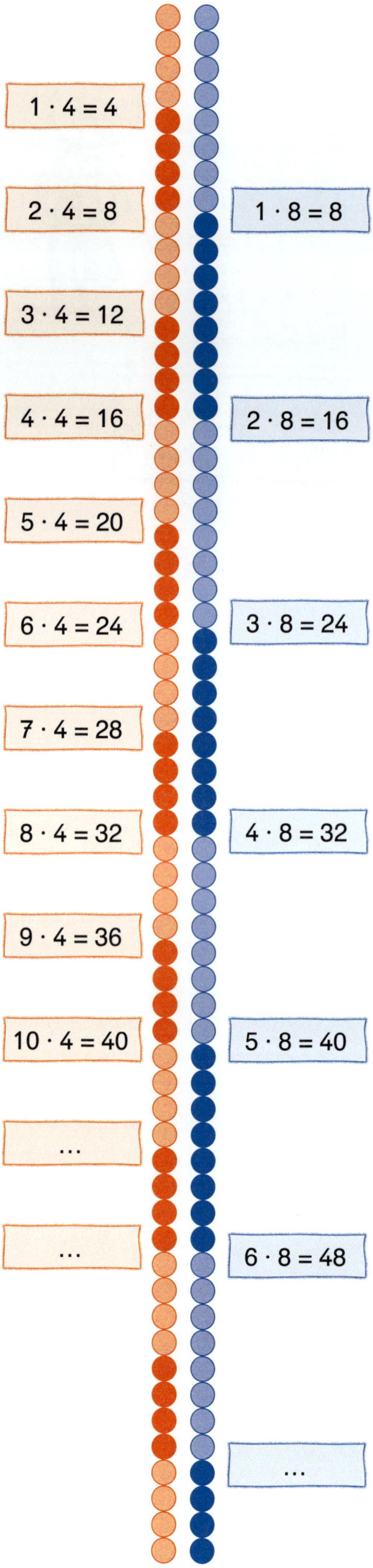

Einmaleins-Verwandtschaften

1 · 4 = 4

2 · 4 = 8   1 · 8 = 8

3 · 4 = 12

4 · 4 = 16   2 · 8 = 16

5 · 4 = 20

6 · 4 = 24   3 · 8 = 24

7 · 4 = 28

8 · 4 = 32   4 · 8 = 32

9 · 4 = 36

10 · 4 = 40   5 · 8 = 40

...   6 · 8 = 48

...   ...

① Vergleiche die Vierer- und die Achterreihe.
Schreibe Aufgaben mit gleichem Ergebnis auf.

| 2 | · | 4 | = | | 8 | | 1 | · | 8 | = | | 8 | |
| 4 | · | 4 | = | 1 | 6 | | 2 | · | 8 | = | 1 | 6 | |

Die Aufgaben 2 · 4 und 1 · 8 sind verwandt.

② a) Vergleiche die Ergebnisse aus der Zweier- und der Viererreihe.
Lege und schreibe die Aufgaben so:

| 1 | · | 2 | = | 2 | | | | | |
| 2 | · | 2 | = | 4 | | 1 | · | 4 | = | 4 |

b) Welche Aufgaben haben gleiche Ergebnisse?
Schreibe wie bei ①.

③ a) Vergleiche die Fünfer- und die Zehnerreihe.

b) Vergleiche die Dreier- und die Sechserreihe.

★ c) Vergleiche die Dreier- und die Neunerreihe. Was fällt dir auf?

④ Suche Aufgaben mit diesen Ergebnissen.

30			12			24
5·6	6·5		3·4	?		20
10·3	3·10		6·2	?		40

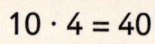 Vergleicht die Aufgaben mit gleichem Ergebnis. Erklärt.

 Ich sehe …

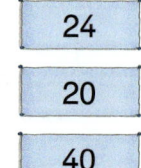 Die eine Zahl ist … die andere …

Kompetenz: Argumentieren

5 Vielfache vergleichen

a) Schreibe die Ergebniszahlen der Fünferreihe (Vielfache von 5) und der Zehnerreihe (Vielfache von 10) auf. Kreise gleiche Zahlen ein. Was fällt dir auf?

| Vielfache von | 5 | sind | 5, ⟨10,⟩ 15, … |
| Vielfache von | 10 | sind | ⟨10,⟩ 20, 30, … |

Alle Vielfachen von 10 sind auch …

Jedes zweite Vielfache von 5 …

b) Vergleiche die Vielfachen von 2 und 4. Schreibe wie bei a).
c) Vergleiche die Vielfachen von 3 und 6. Schreibe wie bei a).
 d) Vergleiche die Vielfachen von 3 und 9. Erkläre.

6 Verwandtschaften helfen beim Lösen von Aufgaben. Erkläre.

a) Nachbaraufgaben nutzen

| 10 · 7 | 10 · 8 | 10 · 6 | 10 · 2 | 10 · 4 | 10 · 3 |
| 9 · 7 | 9 · 8 | 9 · 6 | 9 · 2 | 9 · 4 | 9 · 3 |

| 2 · 4 | 2 · 7 | 2 · 9 | 2 · 3 | 2 · 6 | 2 · 8 |
| 3 · 4 | 3 · 7 | 3 · 9 | 3 · 3 | 3 · 6 | 3 · 8 |

b) Verdoppeln und halbieren

| 2 · 6 | 4 · 4 | 6 · 6 | 8 · 8 | 3 · 3 | 4 · 9 |
| 4 · 6 | 8 · 4 | 3 · 6 | 4 · 8 | 6 · 3 | 2 · 9 |

7 Vorsicht beim Malnehmen mit 0 und 1! Erkläre mit dem Punktefeld.

| 0 · 5 | 0 · 6 | 0 · 7 | 9 · 0 | 8 · 0 | 10 · 0 |
| 1 · 5 | 1 · 6 | 1 · 7 | 9 · 1 | 8 · 1 | 1 · 10 |

Wenn ich 9-mal 0 Plättchen nehme …

Wenn ich 0-mal 5 Plättchen nehme …

Multiplizieren · und Dividieren : gehören zusammen

1 Ein Punktefeld – vier Aufgaben

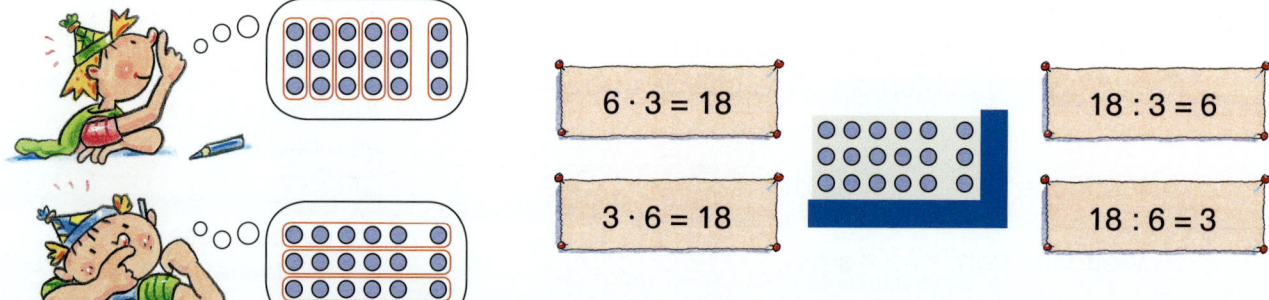

Erkläre und zeige am Punktefeld, warum alle vier Aufgaben passen.

2 Multiplizieren und Dividieren: Immer 4 Aufgaben

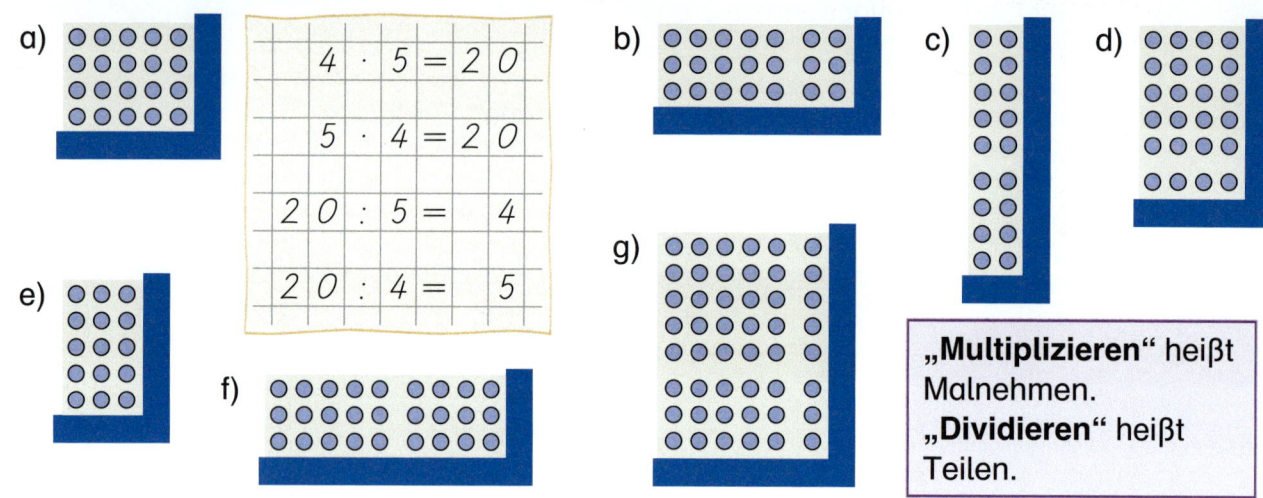

„**Multiplizieren**" heißt Malnehmen.
„**Dividieren**" heißt Teilen.

3 Dividiere. Denke an die Malaufgabe.

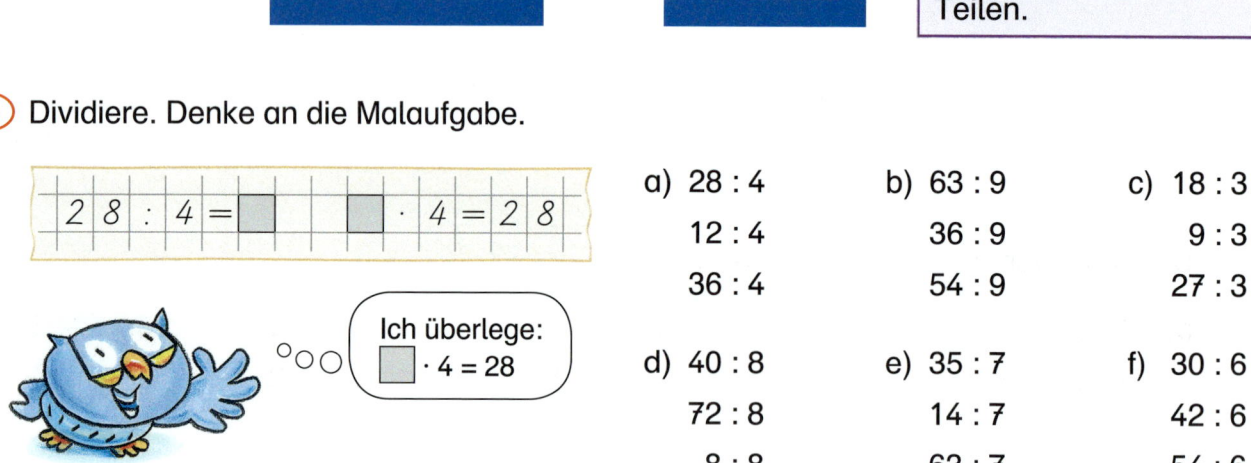

a) 28 : 4
12 : 4
36 : 4

b) 63 : 9
36 : 9
54 : 9

c) 18 : 3
9 : 3
27 : 3

d) 40 : 8
72 : 8
8 : 8

e) 35 : 7
14 : 7
63 : 7

f) 30 : 6
42 : 6
54 : 6

4 Dividiere. Denke an die Malaufgabe.

a) 20 : 5
20 : 10
40 : 5
40 : 10

b) 16 : 4
16 : 8
32 : 4
32 : 8

c) 12 : 3
12 : 6
24 : 3
24 : 6

d) 18 : 3
18 : 6
18 : 9
18 : 2

⭐ Was entdeckst du? Erkläre.

5 Drei Zahlen – vier Aufgaben

a) 8, 3, 24

8 · 3 = 24
3 · 8 = 24
24 : 3 = 8
24 : 8 = 3

18, 2, 9   27, 9, 3   63, 7, 9

9, 5, 45   48, 6, 8   15, 5, 3

b) Wie heißt die dritte Zahl?

54, 9, ?

☐ · 9 = 54

6 · 9 = 54
9 · 6 = 54
54 : 6 = 9
54 : 9 = 6

21, 3, ?   35, 5, ?   8, 7, ?

4, 28, ?   7, 1, ?   14, 2, ?

c) Wie heißt die dritte Zahl? Es gibt zwei Möglichkeiten. Begründe.

6, 2, 12: 6 · 2 = 12
           2 · 6 = ☐
           12 : 2 = ☐
           12 : 6 = ☐

6, 2, 3:   2 · 3 = ☐
           3 · 2 = ☐
           6 : 3 = ☐
           6 : 2 = ☐

6, 2, ?   10, 5, ?

9, 3, ?   2, 8, ?

6, 3, ?   4, 8, ?

6 Dividiere. Denke an die Malaufgabe.

a) 21 : 3   b) 24 : 6   c) 12 : 6   d) 18 : 2   e) 64 : 8
   72 : 9   28 : 7   40 : 8   20 : 2   45 : 9

7 Durch welche Zahl wird dividiert? Finde weitere Paare.

a)
:	
20	5
24	6
28	☐
☐	☐

b)
:	
36	6
42	☐
☐	10
☐	☐

c)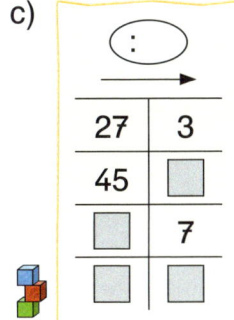
:	
27	3
45	☐
☐	7
☐	☐

d)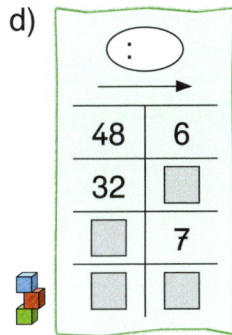
:	
48	6
32	☐
☐	7
☐	☐

e)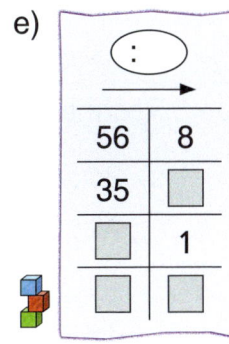
:	
56	8
35	☐
☐	1
☐	☐

Beim Dividieren bleibt manchmal ein Rest

① Simsala hat 6 Gummischlangen gezaubert.

a) Alle Schlangen für Simsala.   6 (: 1) = 6
b) Simsala und Bim teilen.   6 (: 2) = 3
c) Bim, Simsala und Eulalia teilen. 6 (: 3) = 2
d) Vier Personen teilen.   6 : 4 = 1 R 2
e) Fünf Personen …   6 : 5 = 1 R 1
f) Sechs Personen …   6 (: 6) = 1

①, ②, ③ und ⑥ sind die Teiler der Zahl 6. Hier bleibt kein Rest (R).

② Simsala zaubert noch mehr Gummischlangen und verteilt gerecht.
Schreibe alle Teiler auf.
An wie viele Personen kann Simsala ohne Rest verteilen?

a) 9 Schlangen

9 (: 1) = 9
9 : 2 = 4 R 1
9 (: 3) = 3
…

Teiler von 9: 1, 3, …

b) 10 Schlangen
c) 12 Schlangen
d) 18 Schlangen
e) Schreibe in dein :

Teiler von 4, 8, 5, 10.

Was fällt dir auf?

③ Jetzt sind es 11, 13 oder 17 Schlangen. Schreibe die Teiler auf.

Teiler von 11: 1, …

Was fällt dir auf?
 Bei welchen Zahlen ist das noch so?

④ Rechne. Welcher Rest kann höchstens bleiben? Begründe dein Ergebnis.

a) 24 : 3   b) 15 : 5   c) 18 : 6   d) 24 : 4
   25 : 3   16 : 5   19 : 6   25 : 4
   …   …   …   …
   30 : 3   20 : 5   24 : 6   28 : 4

⑤

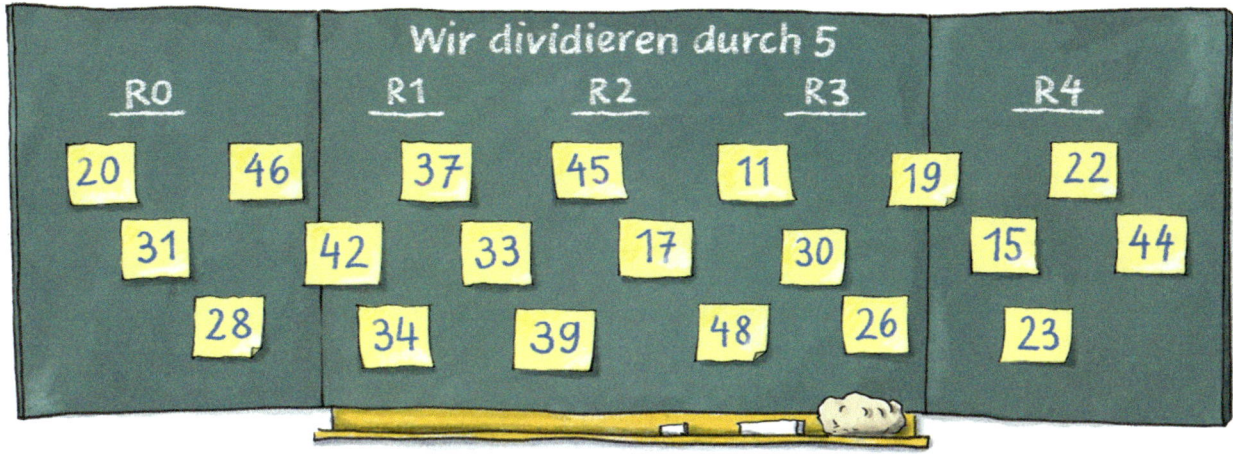

Ordne: | R 0 | R 1 | R 2 | R 3 | R 4 |
|---|---|---|---|---|
| 20 | 31 | … | … | … |

Was fällt dir auf? Erkennst du das Muster?

„Bei 0 und 5 an der Einerstelle …"

„Die 25 kann ich durch 5 ohne Rest dividieren. Dann bleibt bei 28 …"

„Bei Rest 4 kann an der Einerstelle nur … oder … stehen."

⑥ So kannst du mit Rest dividieren.

$5 \cdot 8 = 40$
$6 \cdot 8 = 48$ ← 49
$7 \cdot 8 = 56$

49 : 8

„Wie oft passt die 8 in die 49? 6-mal, denn $6 \cdot 8 = 48$. Jetzt bleibt noch Rest 1."

a) 58 : 7	b) 66 : 9	c) 29 : 7	d) 22 : 9	e) 55 : 6
65 : 7	64 : 9	31 : 8	23 : 7	55 : 7
43 : 7	52 : 9	33 : 6	37 : 8	55 : 8

 Schreibe und male eine Divisionsaufgabe mit Rest in dein .

⑦ Was geschieht mit dem Rest?

a) Vor dem Aufzug warten 16 Personen.

b) Auf dem Autozug stehen 66 Autos. Auf einen Wagen passen 8 Autos.

Preise mit Komma und Strich

"Das Sprungseil kostet 4 € und 50 ct."

4,50 €
1,09 €
1,90 €
99,- €
14,90 €
-,99 €
31,95 €
9,- €
18,50 €

① Wie liest du diese Preise? Sprecht darüber.

② Lege die Geldbeträge aus ① in die Schachtel und trage sie in die Tabelle ein.

Euro		Cent		
Z	E	Z	E	
	4	5	0	4,50 €
	1	9	0	1,90 €
	1	0	9	1,09 €

"Was ist hier besonders?"

③ Lege und trage auch diese Preise in die Tabelle ein. Schreibe mit Komma.

a) 22 € 22 ct | 7 € 12 ct | 90 € 9 ct | 4 € 20 ct | 74 € 47 ct

b) 1 ct | 10 ct | 1 € | 10 € | 5 ct | 60 ct | 3 € | 70 €

④ Wie viel Geld ist es? Schreibe mit Komma.

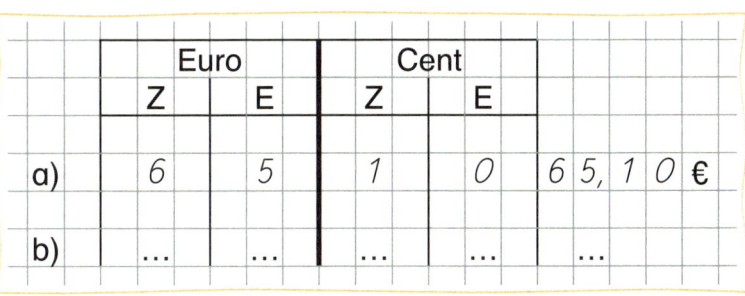

a)

b)

c)

d)  f)

e)  g)

⑤ Schreibe in € und ct.   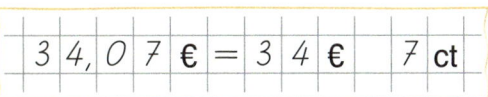   3 4 , 0 7 € = 3 4 € 7 ct

Achte auf die Nullen!

a) 34,07 €   b) 7,04 €   c) 100,00 €   d) 3,40 €
   10,50 €   99,99 €   0,25 €   34,04 €
   0,65 €   15,30 €   3,50 €   3,04 €

⑥ <, > oder =?

a) 3,55 € ○ 30,55 €   b) 50,70 € ○ 70,50 €   c) 9,09 € ○ 99 ct
   1,40 € ○ 1,04 €   0,10 € ○ 1,00 €   0,05 € ○ 5 ct
   7,13 € ○ 71,30 €   9,70 € ○ 9,70 €   3,02 € ○ 32 ct

⑦ Ordne der Größe nach. Beginne mit dem kleinsten Preis.

a) 3,45 € | 4,35 € | 4,53 € | 3,54 €   b) 5,04 € | 50,04 € | 5,40 € | 50,40 €

⭐ c) 9,09 € | 9,99 € | 0,09 € | 0,99 €   ⭐ d) 66 ct | 66,00 € | 6,06 € | 0,60 €

	Euro		Cent		
	Z	E	Z	E	
a)	6	5	1	0	65,10 €
b)	...	...	...	...	...

Auf dem Volksfest

AH S. 30

① Was möchtest du auf dem Volksfest gerne erleben oder essen?
   Was kosten deine Wünsche?

② Die Kinder haben Pläne. Reichen jedem 5 €? Begründe.

Paul überlegt: „Ich möchte gerne Autoscooter und Karussell fahren und eine Zuckerwatte essen."

Pauls Plan:
Autoscooter 2 €
Karussell ...

Stefan sagt: „Ich möchte gerne Achterbahn fahren, Lose kaufen, schießen und etwas essen. Ich habe 5 € dabei."

Amelie überlegt: „Ich möchte gerne auf einem Pony reiten, Karussell fahren und Pommes essen. Reichen meine 5 €?"

③ Tim geht mit 10 € zum Volksfest.
   Er kauft sich eine Bratwurst, Pommes und eine Limo.
   Er fährt einmal Karussell und einmal Achterbahn.
   Wie viel Geld bleibt übrig?

④ a) Du gehst mit 10 € aufs Volksfest. Was möchtest du tun?
   b) Vergleiche mit deinem Partner.

⑤
Karussell
1 Fahrt 2 €
3 Fahrten 5 €
6 Fahrten 9 €
10 Fahrten 14 €

a) Vergleiche die Preise für die Karussellfahrten. Was fällt dir auf?

b) Berechne die Preise für 4 Fahrten, 5 Fahrten, 7 Fahrten.
   Finde verschiedene Möglichkeiten. Welche ist die günstigste?

c) Wie ist das beim Autoscooter?

   | 4 Fahrten | 6 Fahrten | 7 Fahrten | ? |

d) Wie ist das beim Ponyreiten?

   | 4 x Reiten | 5 x Reiten | ? |

37

Wahrscheinlich – unmöglich

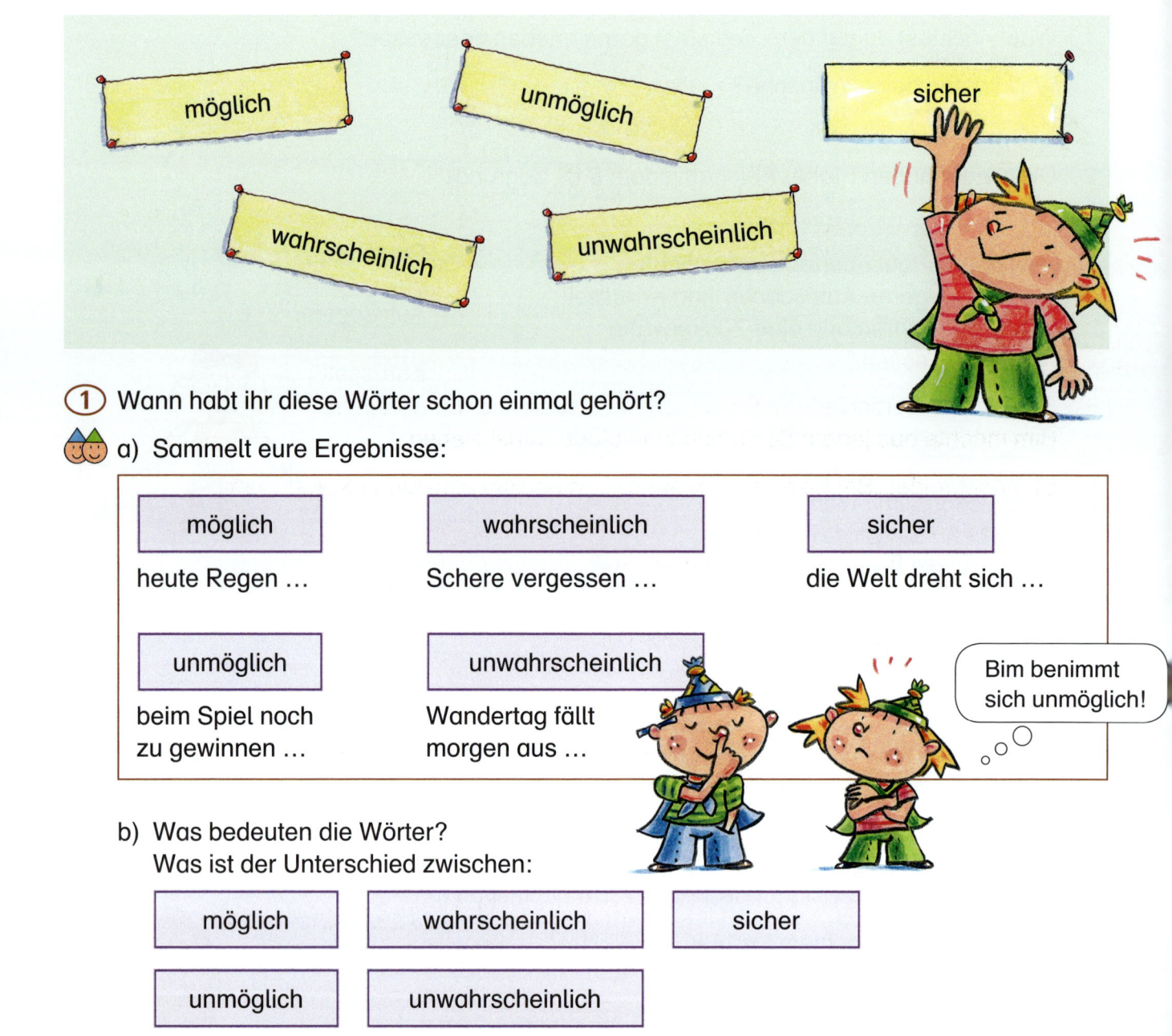

möglich   unmöglich   sicher
wahrscheinlich   unwahrscheinlich

1 Wann habt ihr diese Wörter schon einmal gehört?

a) Sammelt eure Ergebnisse:

möglich	wahrscheinlich	sicher
heute Regen …	Schere vergessen …	die Welt dreht sich …
unmöglich	**unwahrscheinlich**	
beim Spiel noch zu gewinnen …	Wandertag fällt morgen aus …	

Bim benimmt sich unmöglich!

b) Was bedeuten die Wörter?
Was ist der Unterschied zwischen:

möglich   wahrscheinlich   sicher

unmöglich   unwahrscheinlich

2 Was sagst du dazu? Kann das sein?

a) Wahrscheinlich machen wir in diesem Schuljahr noch einen Wandertag.

b) Es ist sicher, dass jedes Kind eine Schwester hat.

c) Es ist unmöglich, dass wir heute noch ein Lied singen.

d) Es ist unwahrscheinlich, dass die Schule morgen um 12 Uhr beginnt.

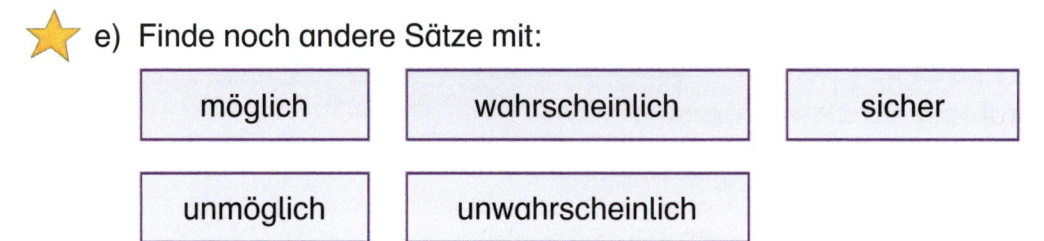

e) Finde noch andere Sätze mit:

möglich   wahrscheinlich   sicher

unmöglich   unwahrscheinlich

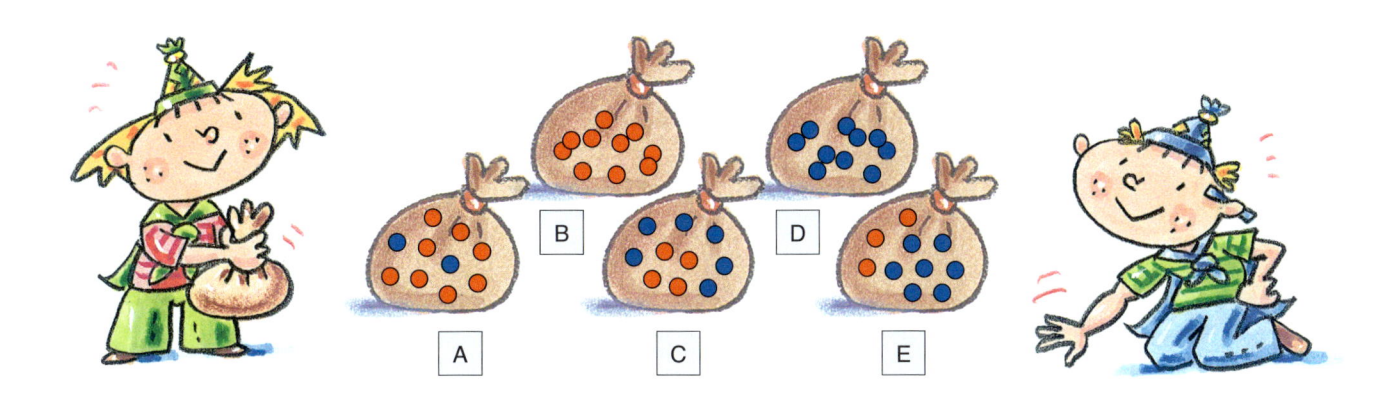

③ Simsala hat verschiedene Säckchen mit blauen und roten Kugeln.
Bim möchte aus jedem Säckchen eine blaue Kugel ziehen.

a) Beschreibe: „Bei Säckchen A ist es …, dass Bim eine blaue Kugel zieht."

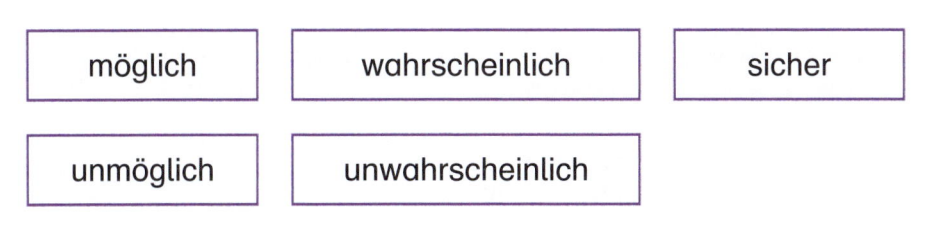

| möglich | wahrscheinlich | sicher |

| unmöglich | unwahrscheinlich |

b) Wählt ein Säckchen und vermutet:

Es ist möglich …

Wahrscheinlich ziehe ich öfter …

?

Zieht 20-mal und schreibt auf.
Vergleicht eure Vermutung mit eurem Ergebnis.

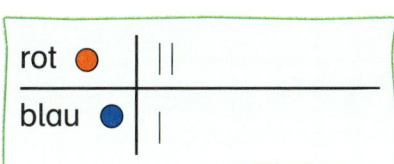

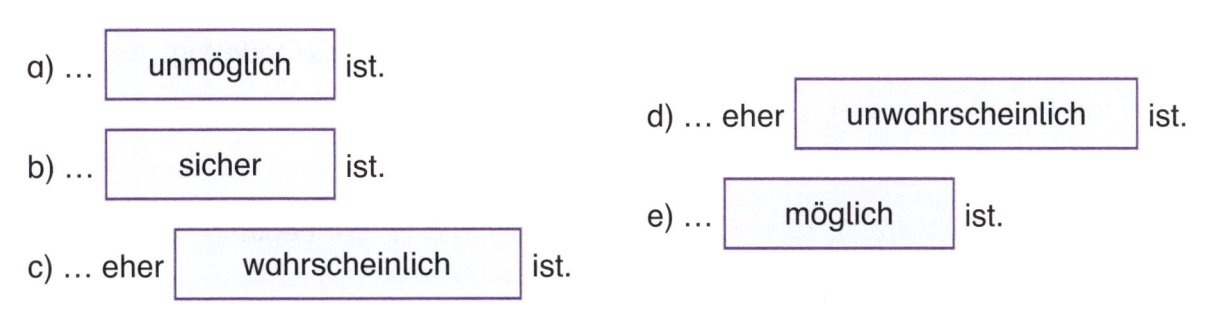

rot ●	||
blau ●		

④ Dein Partner will eine blaue Kugel ziehen.
Fülle ein Säckchen mit 10 Kugeln so, dass das …

a) … unmöglich ist.

b) … sicher ist.

c) … eher wahrscheinlich ist.

d) … eher unwahrscheinlich ist.

e) … möglich ist.

Zeichne auf und probiere mit deinem Partner.
Vergleicht eure Lösungen.

Eher wahrscheinlich – weniger wahrscheinlich?

39

Tausender, Hunderter, Zehner, Einer

Aus 10 Hunderterplatten entsteht der Tausenderwürfel.

So viele Würfel! Sind das 1000? Ich lege erst einmal Zehner.

1 Tausender, 1 Hunderter, 2 Zehner, 5 Einer. Ich zeichne, schreibe und lege so:

T	H	Z	E
1	1	2	5	= 1125

① Nehmt viele Würfel. Schätzt, ordnet und zählt. Wie geht ihr vor? Erklärt. Wie könnt ihr geschickt ordnen und zählen?

② Legt selbst große Zahlen mit Würfeln, Stangen und Platten. Dein Partner nennt die gelegte Zahl.

4 Hunderter, 2 Zehner und 7 Einer, das sind …

③ Wie heißt die Zahl? Schreibe sie in die Stellenwerttafel.

a)

T	H	Z	E			
	4	5	2	=	4	5	2

vierhundertzweiundfünfzig

b)   f)

c)   g)

d)   h)

e)   i)

④ **Zeichne und schreibe auf.**

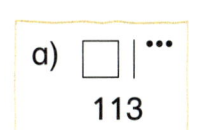

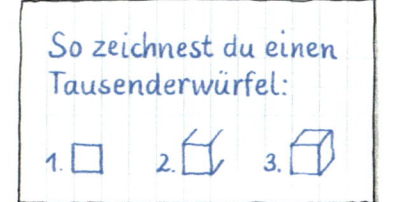

a) ☐ | ···
113

a) T|H|Z|E   T|H|Z|E   T|H|Z|E   T|H|Z|E
   1|1|3   1|0|1|4   6|6|6   1|1|1|1

b) T|H|Z|E   T|H|Z|E   T|H|Z|E   T|H|Z|E
   2|8|1   3|7|5|0   1|0|5|0   1|0|0|5

> So zeichnest du einen Tausenderwürfel:
> 1. ☐   2. 🔲   3. 🔲

⑤ **Lege mit den Zahlenkarten. Lies die Zahlen und schreibe auf.**

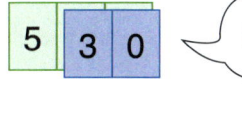

5 | 3 | 0   fünfhundertdreißig   500 + 30 = 530

a) 9|7|0   6|5|0   4|9|0   2|8|0   8|1|0

b) 1|0|4   7|0|6   3|0|5   5|0|3   1|0|0|1

c) 9|7|0   9|0|7   3|0|8   3|8|0   8|3|0

⑥ **Lege, lies und schreibe auf.**

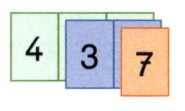

4 | 3 | 7   vierhundert-siebenunddreißig   437 = 4 H   3 Z   7 E

a) 437   b) 204   c) 897   d) 363
   283   630   879   633
   831   1028   798   336

⑦ **Bilde dreistellige Zahlen: Wie viele findest du? Schreibe sie in dein 📖.**

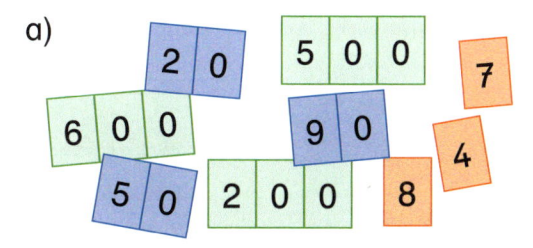

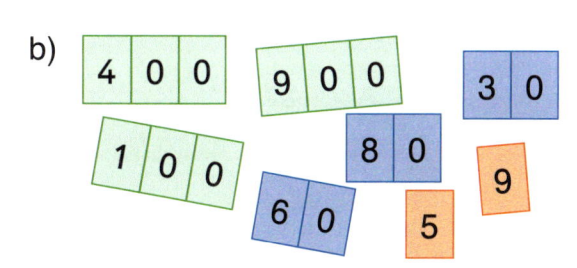

a) 20, 500, 7, 600, 90, 4, 50, 200, 8

b) 400, 900, 30, 100, 80, 60, 9, 5

c) Bilde mit den Zahlenkarten von a) und b) …
- … jeweils die kleinste 3-stellige Zahl,
- … jeweils die größte 3-stellige Zahl,
- … jeweils die größte 3-stellige gerade Zahl.

1000 – eine überschaubare Zahl

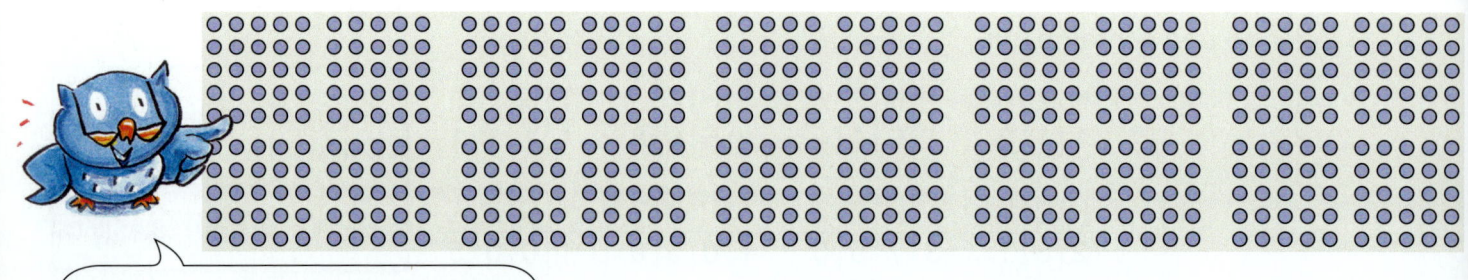

1000 Punkte, das Tausenderfeld!

1 a) Nenne eine Zahl. Dein Partner zeigt sie am Tausenderfeld und schreibt sie auf.

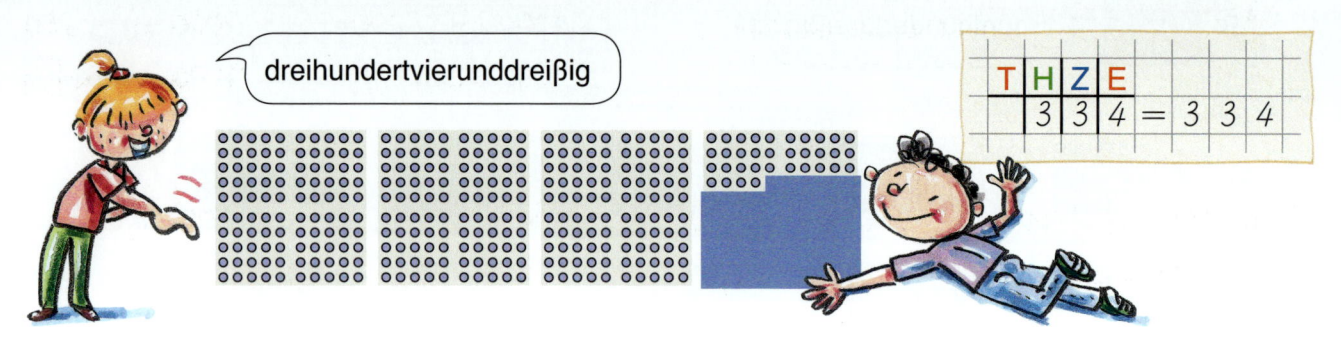

dreihundertvierunddreißig

T	H	Z	E				
	3	3	4	=	3	3	4

b) Zeige und schreibe auf.

fünfhundertsechzig   vierhundertelf
achthundertdreißig   dreihundertsechsundvierzig
siebenhundertneunzig   sechshundertdreiundzwanzig
zweihundertfünfzig   neunhundertfünfundachtzig

2 Zeige am Tausenderfeld und rechne.

a) 100 + 100 = ☐
200 + 200 = ☐
300 + 300 = ☐

b) 100 + ☐ = 1000
200 + ☐ = 1000
300 + ☐ = 1000

c) 500 + 200 + ☐ = 1000
600 + 100 + ☐ = 1000
800 + 100 + ☐ = 1000

d) 1000 − 100 = ☐
1000 − 200 = ☐
1000 − 300 = ☐

e) 1000 − ☐ = 900
1000 − ☐ = 800
1000 − ☐ = 700

f) 1000 − 200 − 300 = ☐
1000 − 100 − 300 = ☐
1000 − 100 − 100 = ☐

Bilde noch mehr Aufgaben.

3 Zeige am Tausenderfeld. Erkläre die Zusammenhänge.

a) 10 = 9 + ☐
100 = 90 + ☐
1000 = ☐ + ☐

b) 10 = 7 + ☐
100 = 70 + ☐
1000 = ☐ + ☐

c) 10 = 4 + ☐
100 = 40 + ☐
1000 = ☐ + ☐

Bilde noch mehr Aufgaben.

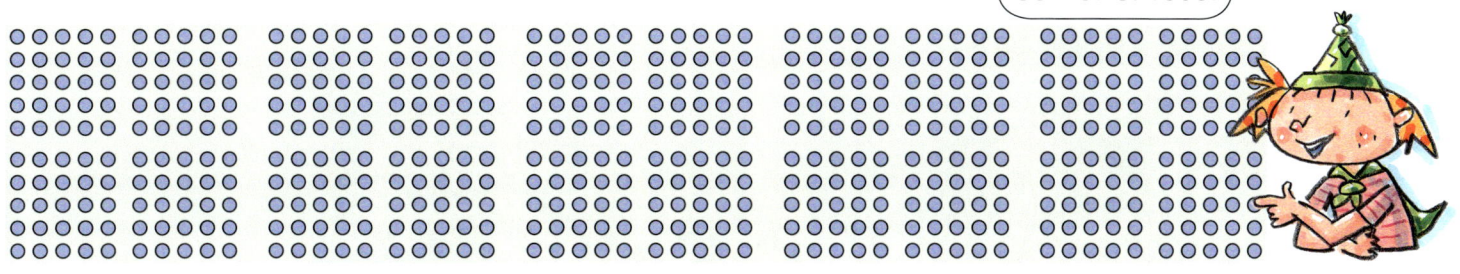

So viel ist 1000!

4 Zeige am Tausenderfeld und rechne.

10 Hunderterfelder!
10 mal 100, das ist 1000.

a) 1000 = ☐ · 100   1000 = ☐ · 500
   1000 = 100 · ☐   1000 = 500 · ☐

   1000 = ☐ · 200   1000 = ☐ · 250
   1000 = 200 · ☐   1000 = 250 · ☐

b) 1000 = ☐ · 20   1000 = ☐ · 50   1000 = ☐ · 25   1000 = ☐ · ☐
   1000 = 20 · ☐   1000 = 50 · ☐   1000 = 25 · ☐   …

5 Zahlenrätsel

a) Die Zahl ist die Hälfte von 1000.

b) Die Zahl ist das Doppelte von 400.

c) Die Zahl ist um 200 kleiner als 500.

d) Die Zahl ist um 100 kleiner als 700.

e) Die Zahl ist um 300 größer als 600.

f) Die Zahl ist um 200 größer als 500.

g) Bildet selbst solche Rätsel.

… um … größer als …   … die Hälfte von …   … das Doppelte von …   ?

6 Kann das sein?

a) Überlegt und rechnet. Vergleicht.

Lebst du schon 1000 Tage?

Wie viele Schachteln sind 1000 Streichhölzer?

Schachtel	Anzahl
1	40
2	…

Ist euer Klassenzimmer 1000 Zentimeter lang?

b) Gibt es an deiner Schule …?

1000 Blatt Papier   1000 Hefte   1000 Schulbücher

Überlege und rechne im 📖.

Das Wort „**Tausend**" bedeutet „Vielhundert". Oft wird es verwendet, wenn man „viel" meint. So hat der Tausendfüßler nur höchstens 680 Beine. Es sind also nur sehr viele.

Legen, spielen, rechnen ...

Wie heißt meine Zahl: 2 H, 3 Z, 4 E?

Zweihundertvierunddreißig! Jetzt frage ich und du legst.

① Spielt auch „Zahlen raten".

② a) Legt mit 1 (2, 3, 4) Plättchen Zahlen. Schreibt auf und vergleicht.

b) Wie heißen die größte und die kleinste Zahl, die ihr mit 1 (2, 3, 4) Plättchen legen könnt?

③ Zeichne und schreibe die Zahlen.

a) Immer 5 Plättchen
Wie viele Zahlen findest du?

b) Immer 7 Plättchen

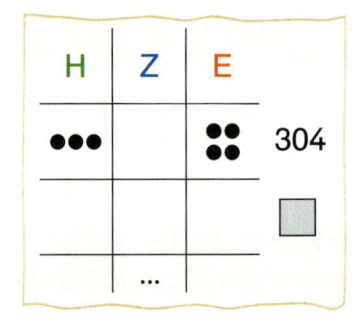

c) Immer ▢ Plättchen

Hast du alle möglichen Zahlen gefunden?
Tipp: Ordne.

④ a) Lege nach und schreibe die Zahl auf.
Lege ein Plättchen dazu.
Welche Zahlen können entstehen?
Schreibe auf.

Ich lege das Plättchen zuerst zu den Einern.

H	Z	E
2	1	4
2	1	5
...		

b) Lege diese Zahlen und verändere sie wie bei a).

c) Lege eine andere Zahl und verändere sie genauso.

... mit der Stellenwerttafel

A|H S.34

5 Nimm aus jeder Stellenwerttafel jeweils ein Plättchen weg.
Welche Zahlen können entstehen? Lege nach und schreibe auf wie bei **4**.

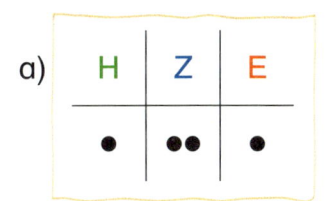

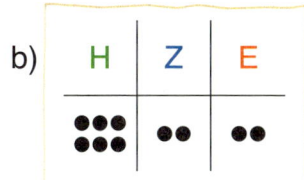

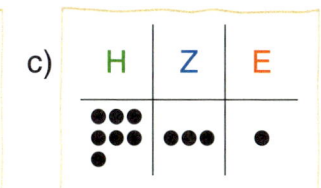

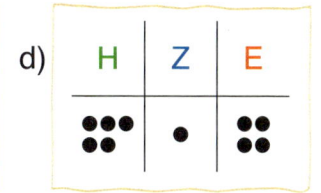

a) | H | Z | E |
   | • | •• | • |

b) | H | Z | E |
   | ••• ••• | •• | •• |

c) | H | Z | E |
   | ••• ••• | ••• | • |

d) | H | Z | E |
   | ••• ••• | • | •• •• |

e) Lege eine andere Zahl und verändere sie.

Wenn ich ein Plättchen von den Hundertern zu den Zehnern schiebe, dann ...

6 Verschiebe bei den Stellenwerttafeln von **5** nun jeweils ein Plättchen.
Welche Zahlen können entstehen? Lege nach und schreibe auf.

7 Spielt mit 3 Würfeln:

Die größte Zahl gewinnt.

Simsala:

H	Z	E
4	6	1

Bim:

H	Z	E

Kann Bim mit seinem Wurf noch gewinnen? Wie muss er die Zahlen eintragen?
Spiele mit deinem Partner.

8 Spielt mit einem Würfel:
Die größere Zahl gewinnt.

Simsala:

H	Z	E
4		

2. Wurf:

Bim:

H	Z	E
		2

2. Wurf:

a) Überlege: Wo würdest du die Zahlen eintragen?

Spiele mit deinem Partner.

b) Erfindet eine weitere Spielregel.

Tausenderseil und Zahlenstrahl

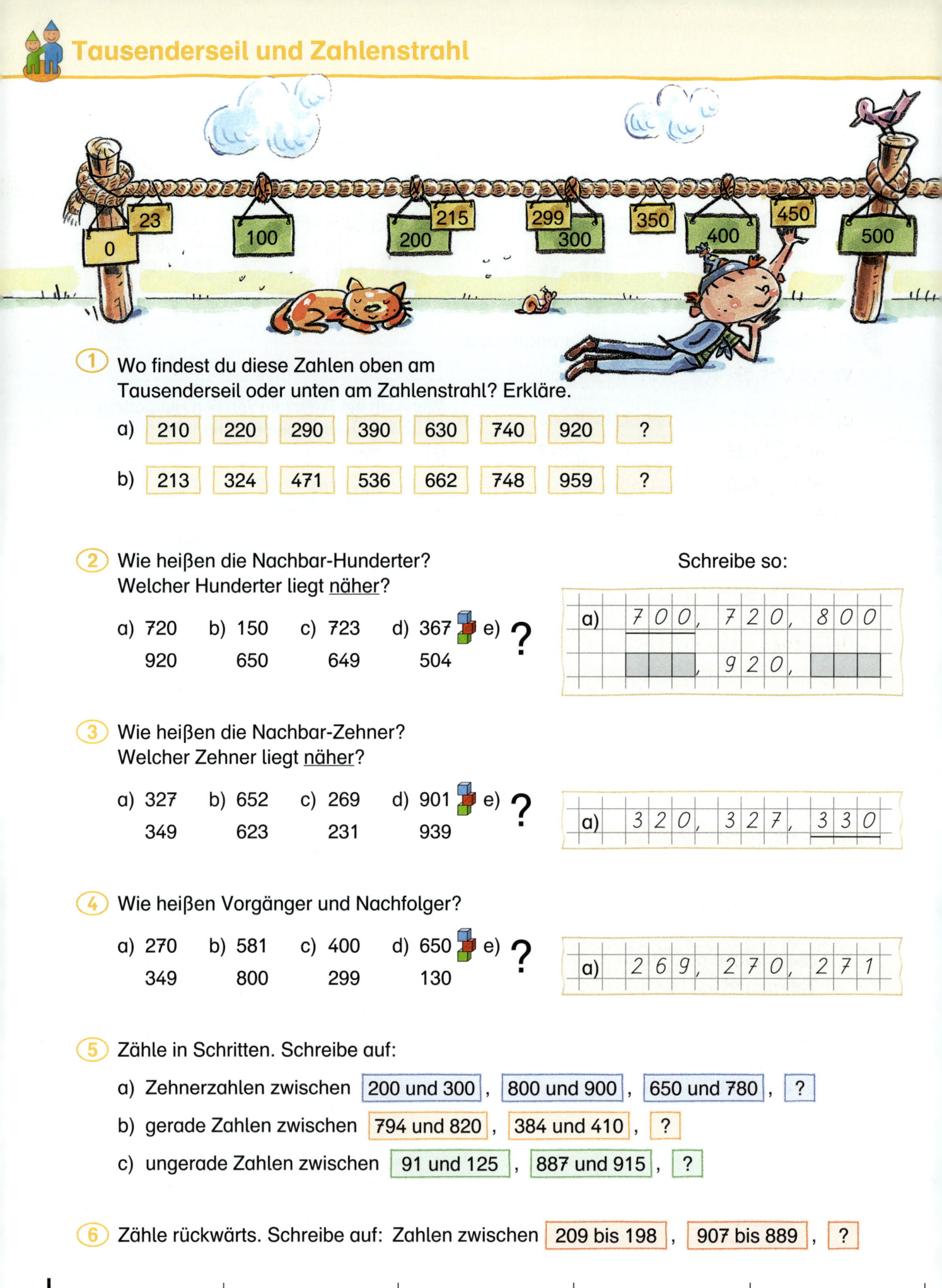

① Wo findest du diese Zahlen oben am Tausenderseil oder unten am Zahlenstrahl? Erkläre.

a) 210 220 290 390 630 740 920 ?

b) 213 324 471 536 662 748 959 ?

② Wie heißen die Nachbar-Hunderter? Welcher Hunderter liegt näher?

a) 720   b) 150   c) 723   d) 367   e) ?
   920   650   649   504

Schreibe so:

a) 7 0 0, 7 2 0, 8 0 0
   ☐ ☐ ☐, 9 2 0, ☐ ☐ ☐

③ Wie heißen die Nachbar-Zehner? Welcher Zehner liegt näher?

a) 327   b) 652   c) 269   d) 901   e) ?
   349   623   231   939

a) 3 2 0, 3 2 7, 3 3 0

④ Wie heißen Vorgänger und Nachfolger?

a) 270   b) 581   c) 400   d) 650   e) ?
   349   800   299   130

a) 2 6 9, 2 7 0, 2 7 1

⑤ Zähle in Schritten. Schreibe auf:

a) Zehnerzahlen zwischen 200 und 300 , 800 und 900 , 650 und 780 , ?

b) gerade Zahlen zwischen 794 und 820 , 384 und 410 , ?

c) ungerade Zahlen zwischen 91 und 125 , 887 und 915 , ?

⑥ Zähle rückwärts. Schreibe auf: Zahlen zwischen 209 bis 198 , 907 bis 889 , ?

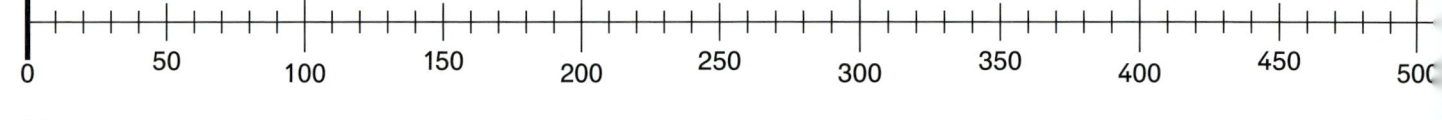

7 Vergleiche die Zahlen mit < > =.

a) 127 ○ 172
452 ○ 425
603 ○ 630
810 ○ 801

b) 924 ○ 942
371 ○ 317
209 ○ 209
783 ○ 873

c) 141 ○ 114
823 ○ 832
408 ○ 407
521 ○ 125

| 1 | 2 | 7 | < | 1 | 7 | 2 |

8 Ordne die Zahlen der Größe nach. Verwende < oder >.

a) 124 740 12
86 318 813

b) 615 651 165
561 51 105

c) 703 408 54
281 301 103

9 Zahlenrätsel

a) Die Zahl besteht aus den Ziffern 4, 7 und 2. Sie ist kleiner als 400, aber größer als 250.

b) Die Zahl hat 3 gleiche Ziffern. Sie ist größer als 600 und kleiner als 700.

c) Die Zahl hat 3 gleiche Ziffern. Sie ist kleiner als 300. Sie ist ungerade.

d) Die Zahl hat 2 gleiche Ziffern und liegt zwischen 460 und 480. Wenn du alle 3 Ziffern addierst, erhältst du die Zahl 16.

e) Die Zahl besteht aus den Ziffern 9, 5 und 1. Sie ist größer als 400, aber kleiner als 550.

f) Schreibe ein Zahlenrätsel in dein 📖. Dein Partner löst es.

10 Zahlen-Ratespiel

Schreibe eine Zahl auf einen Geheimzettel. Dein Partner muss sie erfragen.

Ist die Zahl größer als 500? — Nein
Ist sie größer als 100? — Ja

Grundwissen ②

1 Welche Quadrataufgaben passen zu diesen Ergebnissen?

81   49   25   1   36   4   9   16

2 Die Kernaufgaben mit ·1, ·2, ·5, ·10 solltest du können.

Welche fallen dir noch schwer? Übe die Kernaufgaben in deinem 📖.

3 Von Kernaufgaben zu Nachbaraufgaben

10 · 4 =

a) 10 · 4   10 · 8   10 · 3   10 · 7
   9 · 4   9 · 8   9 · 3   9 · 7

b) 2 · 6   2 · 8   2 · 4   2 · 7
   3 · 6   3 · 8   3 · 4   3 · 7

c) 7 · 7   9 · 9   6 · 6   8 · 8
   6 · 7   8 · 9   7 · 6   7 · 8

4 Malaufgaben mit 0 und 1: Denke an das Punktefeld.

a) 1 · 7   b) 8 · 0   c) 1 · 6   d) 10 · 0   e) 4 · 1
   0 · 7   1 · 8   6 · 0   0 · 9   0 · 4

5 Suche Aufgaben zu diesen Ergebnissen.

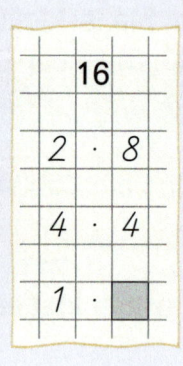

16
2 · 8
4 · 4
1 ·

16   24   40   18   20

6 Drei Zahlen – vier Aufgaben

8 · 3 = 24
3 · 8 = 24
24 : 3 = 8
24 : 8 = 3

8, 3, 24   32, 8, 4   72, 8, ?

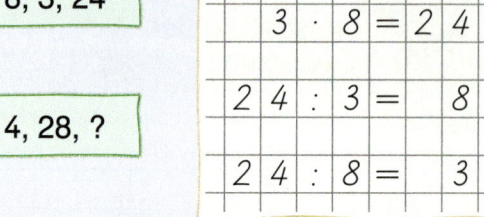

4, 28, ?   42, 7, 6   ?

7 Lies die Zahlen und zeichne sie. Schreibe die Rechnung auf.

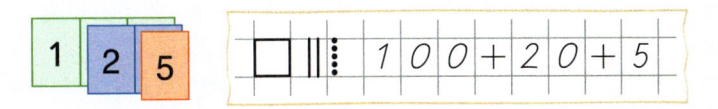

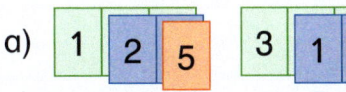

1 2 5 □ ||| : 100 + 20 + 5

a) 1 2 5   3 1 6   6 0 2

b) 3 3 4   5 1 0   7 0 4

c) 6 2 5   1 7 8   2 6 2

8 Wie heißen die Zahlen? Schreibe auf.

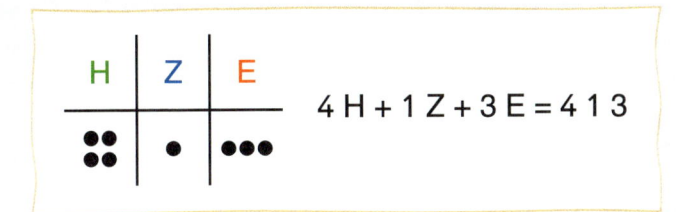

H	Z	E
::	•	•••

4 H + 1 Z + 3 E = 4 1 3

a)
H	Z	E
::	•	•••

H	Z	E
••	::	•••

b)
H	Z	E
:::•	::	

H	Z	E
•••	••	

c)
H	Z	E
•	••	:::•

H	Z	E
:::::	•	•

9 Bilde mit diesen Ziffernkarten dreistellige Zahlen. Ordne die Zahlen der Größe nach und schreibe sie in dein 📖.

0   4   7   9

4 0 7, 4 0 9, …

10 Wie heißen die Nachbar-Hunderter?

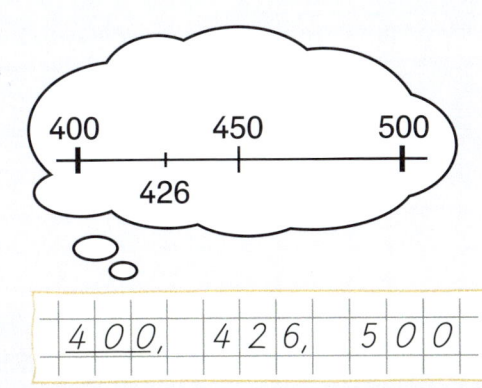

400   450   500
   426

a) 426, 381, 454, 222

b) 566, 899, 645, 704

4 0 0, 4 2 6, 5 0 0

11 Zähle in Schritten. Schreibe in dein 📖.

a) 200, 210, 220, …, 300

b) 894, 896, 898, …, 912

c) 305, 304, 303, …, 290

d) 420, 415, 410, …, 385

Kopfrechnen bis 1000

1 Lege im Kopf. Schreibe das Ergebnis auf.

a)
- ☐☐☐ || ···· + 20
- ☐☐☐☐ || + 300
- ☐☐☐☐☐ | · + 80
- ☐☐☐☐ ||| ·· + 7
- ☐☐☐☐ ··· + 5

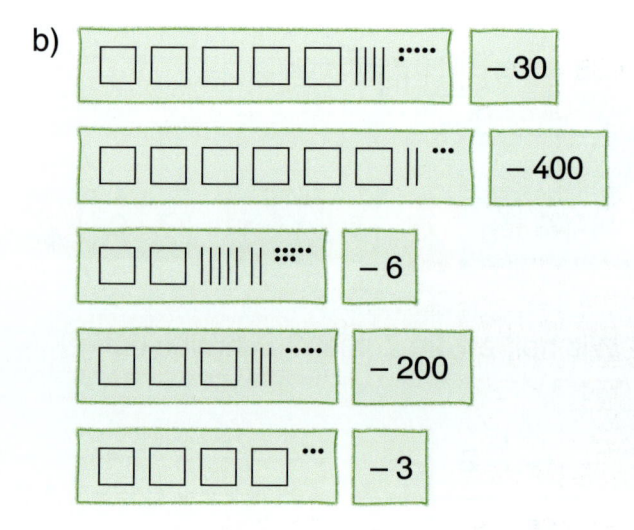

b)
- ☐☐☐☐☐ |||| ····· − 30
- ☐☐☐☐☐☐ || ··· − 400
- ☐☐ ||||||| ····· − 6
- ☐☐☐☐ ||| ····· − 200
- ☐☐☐☐ ··· − 3

2 Bilde Plusaufgaben. Achte auf die Stellen.

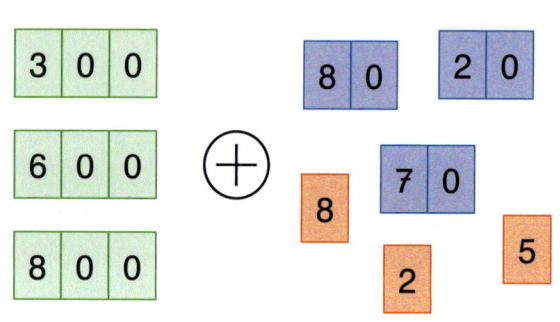

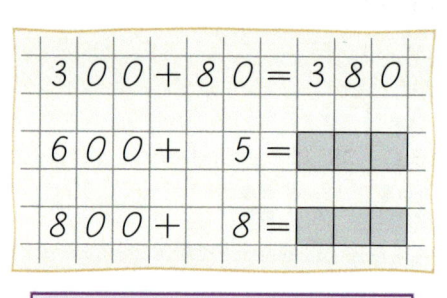

300, 600, 800   ⊕   80, 20, 8, 70, 2, 5

3	0	0	+	8	0	=	3	8	0
6	0	0	+		5	=			
8	0	0	+		8	=			

Das Ergebnis einer Plusaufgabe heißt „Summe".

3 Bilde Minusaufgaben. Achte auf die Stellen.

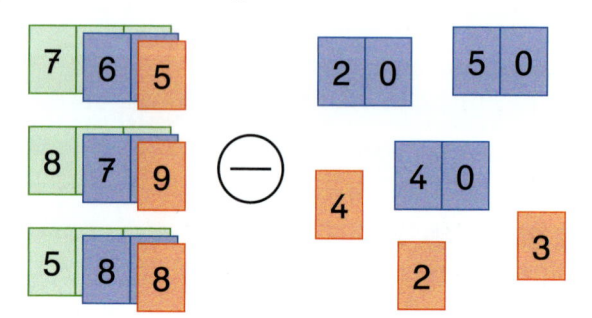

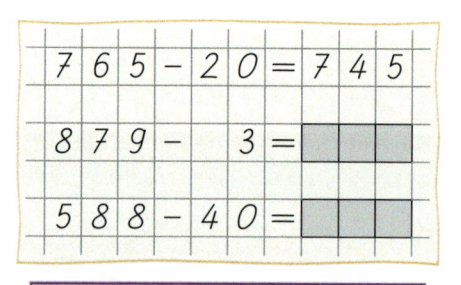

765, 879, 588   ⊖   20, 50, 4, 40, 3, 2

7	6	5	−	2	0	=	7	4	5
8	7	9	−		3	=			
5	8	8	−	4	0	=			

Das Ergebnis einer Minusaufgabe heißt „Differenz".

4 Überlege: Welche Stellen ändern sich? Rechne.

a) 200 + 600	b) 800 − 500	c) 400 + 300	d) 600 − 200
260 + 600	830 − 500	440 + 300	680 − 200
260 + 620	830 − 520	440 + 330	680 − 250
263 + 620	839 − 520	445 + 330	687 − 250
263 + 625	839 − 526	445 + 335	687 − 257

e) Bilde weitere Aufgaben.

5 Denke an die kleine Aufgabe. Rechne und erkläre.

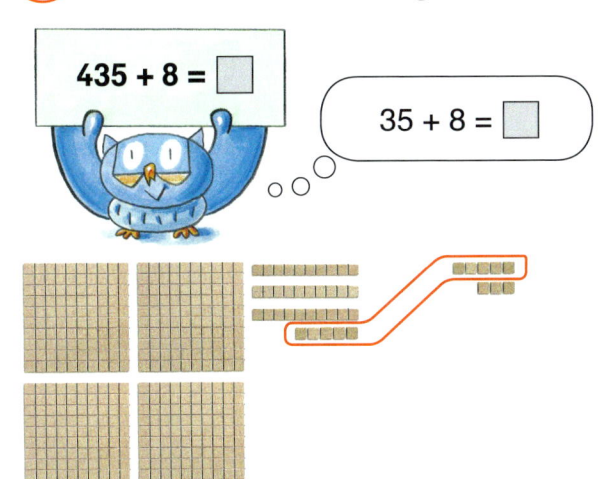

435 + 8 = ☐   35 + 8 = ☐

435 − 8 = ☐   35 − 8 = ☐

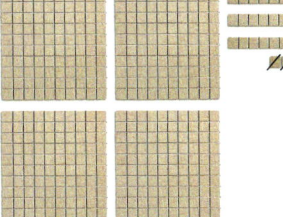

a) 426 + 8   b) 325 + 7   c) 741 − 4   d) 116 − 7
   377 + 5   638 + 4   533 − 5   321 − 4
   518 + 6   479 + 5   864 − 7   582 − 5

6 Denke an die Zehnerstangen. Rechne und erkläre.

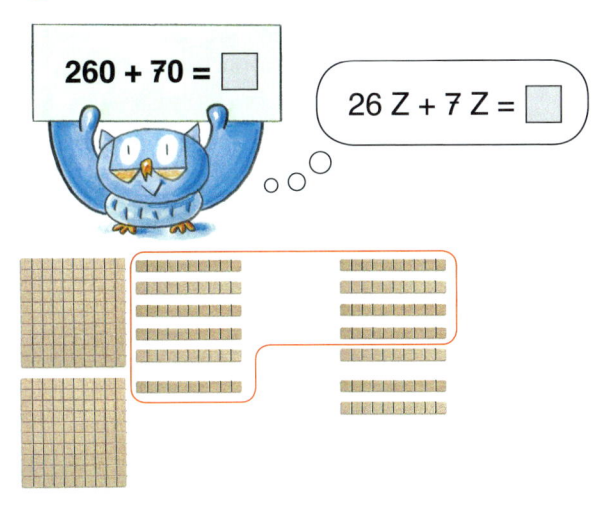

260 + 70 = ☐   26 Z + 7 Z = ☐

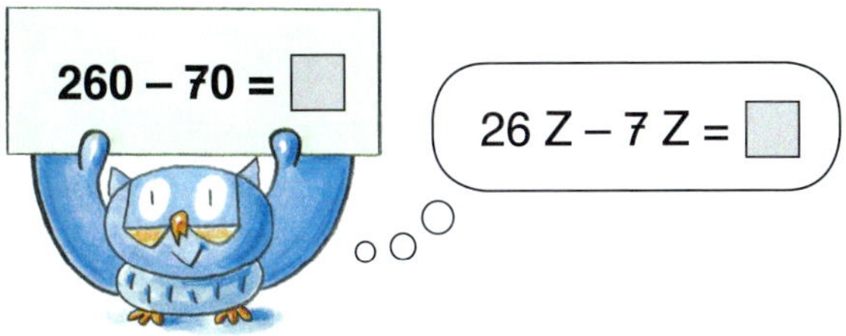

260 − 70 = ☐   26 Z − 7 Z = ☐

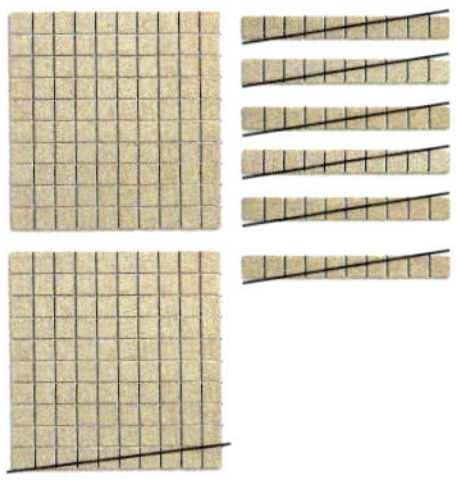

a) 380 + 40   b) 260 + 50   c) 510 − 50   d) 620 − 30
   570 + 50   480 + 30   730 − 40   340 − 60
   690 + 30   550 + 60   950 − 80   930 − 50

7 Ergänze. Vergleiche jeweils die beiden Häuser. Was fällt dir auf?

a) Haus 100: 35, 42, ☐, ☐ / ☐, ☐, 29, ☐
   Haus 1000: 235, 642, ☐, ☐ / ☐, ☐, 529, ☐

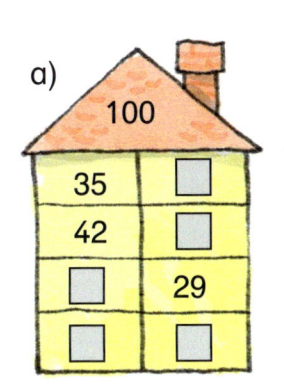

b) Haus 100: ☐, ☐, 65, ☐ / 91, 97, ☐, ☐
   Haus 1000: ☐, ☐, 865, ☐ / 691, 497, ☐, ☐

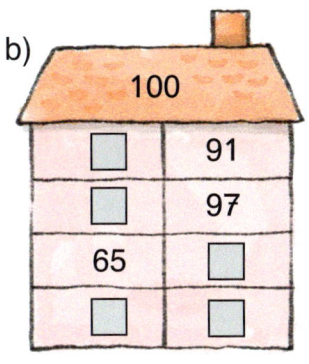

c) Erfinde eigene Zahlenhäuser in deinem 📖.

51

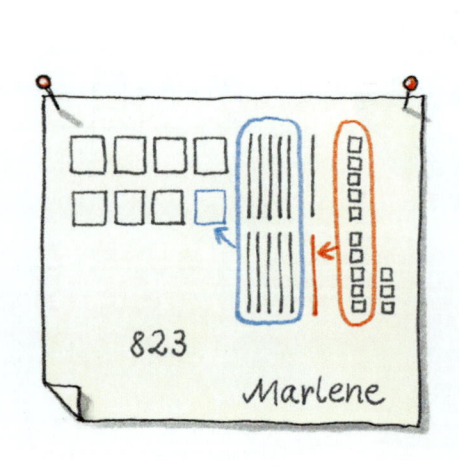

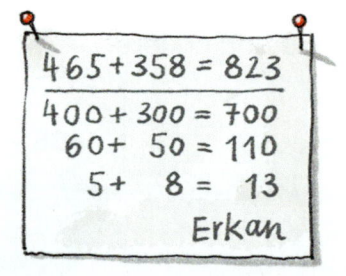

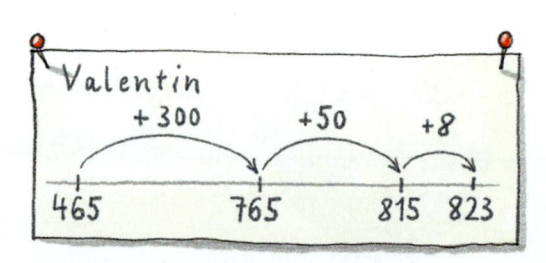

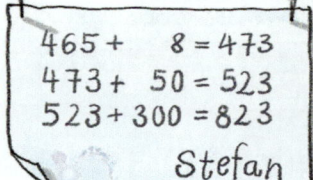

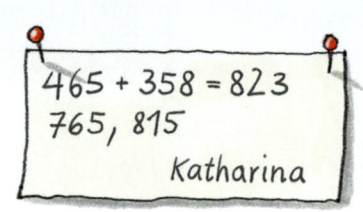

Addition bis 1000 – Rechenwege

465 + 358 = 823
400 + 300 = 700
60 + 50 = 110
5 + 8 = 13
Erkan

Valentin
+300 +50 +8
465   765   815 823

823
Marlene

465 + 358

465 + 8 = 473
473 + 50 = 523
523 + 300 = 823
Stefan

465 + 358 = 823
765, 815
Katharina

① Beschreibe die Rechenwege der Kinder.
Welche Erklärung passt zu welchem Rechenweg?

Hunderter plus Hunderter
Zehner plus Zehner
Einer plus Einer

Erst plus Hunderter,
dann plus Zehner,
dann plus Einer

Erst plus Einer,
dann plus Zehner,
dann plus Hunderter

?

② Wie rechnest du?
Erkläre es deinem Partner. Vergleicht eure Rechenwege.

③ Rechne auf deinem Weg.

a) Über den Zehner:

624 + 258   157 + 235
719 + 176   624 + 247
265 + 627   417 + 544

b) Über den Hunderter:

278 + 441   264 + 478
562 + 173   349 + 382
353 + 561   555 + 267

c) Erkläre deinen Rechenweg im 📖.

Kompetenz: Darstellen

4 Nahe am vollen Zehner

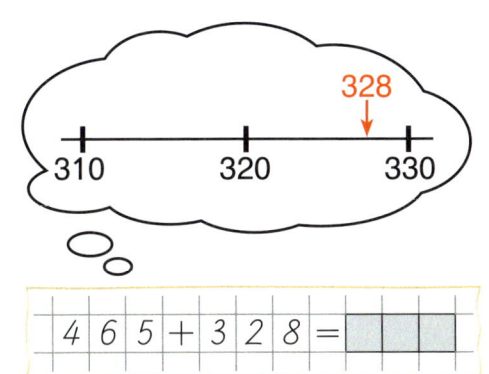

328
310 320 330

4 6 5 + 3 2 8 = ☐ ☐ ☐

+300   +30
              −2
465   765 793 795
Sophie

465 + 330 = 795
795 − 2 = 793
Ayse

Erkläre, wie Sophie und Ayse rechnen.

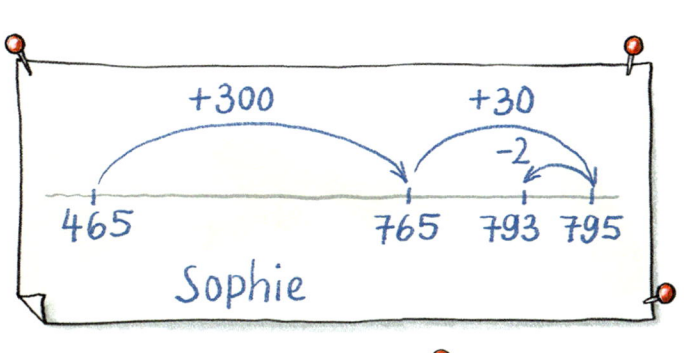

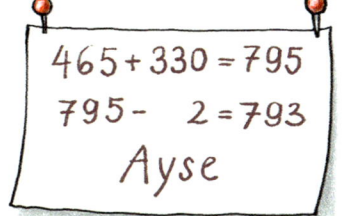

5 Rechne wie bei **4** mit vollen Zehnern.

a) 324 + 239   b) 214 + 378   c) 413 + 389   d) 743 + 218
   736 + 148   526 + 269   236 + 759   144 + 659
   825 + 158   425 + 138   836 + 148   266 + 579

6 Nahe am vollen Hunderter

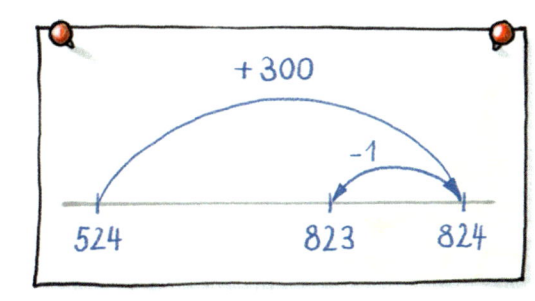

+300
−1
524   823   824

a) 524 + 299   b) 632 + 198   c) 636 + 298
   686 + 197   478 + 399   268 + 489
   355 + 496   143 + 597   462 + 199

7 Rechne wie bei **6** mit vollen Hundertern.

a) 254 + 399   b) 276 + 396   c) 298 + 158   d) 654 + 198
   536 + 197   199 + 634   412 + 399   248 + 398
   255 + 496   426 + 298   578 + 197   495 + 378

8 Rechne auf deinem Weg.

a) 264 + 285   b) 497 + 265   c) 536 + 299   d) 248 + 498
   478 + 369   253 + 398   179 + 355   529 + 162
   399 + 513   249 + 501   485 + 245   479 + 354

e) Erkläre deinen Rechenweg im 📖.

Kompetenz: Darstellen

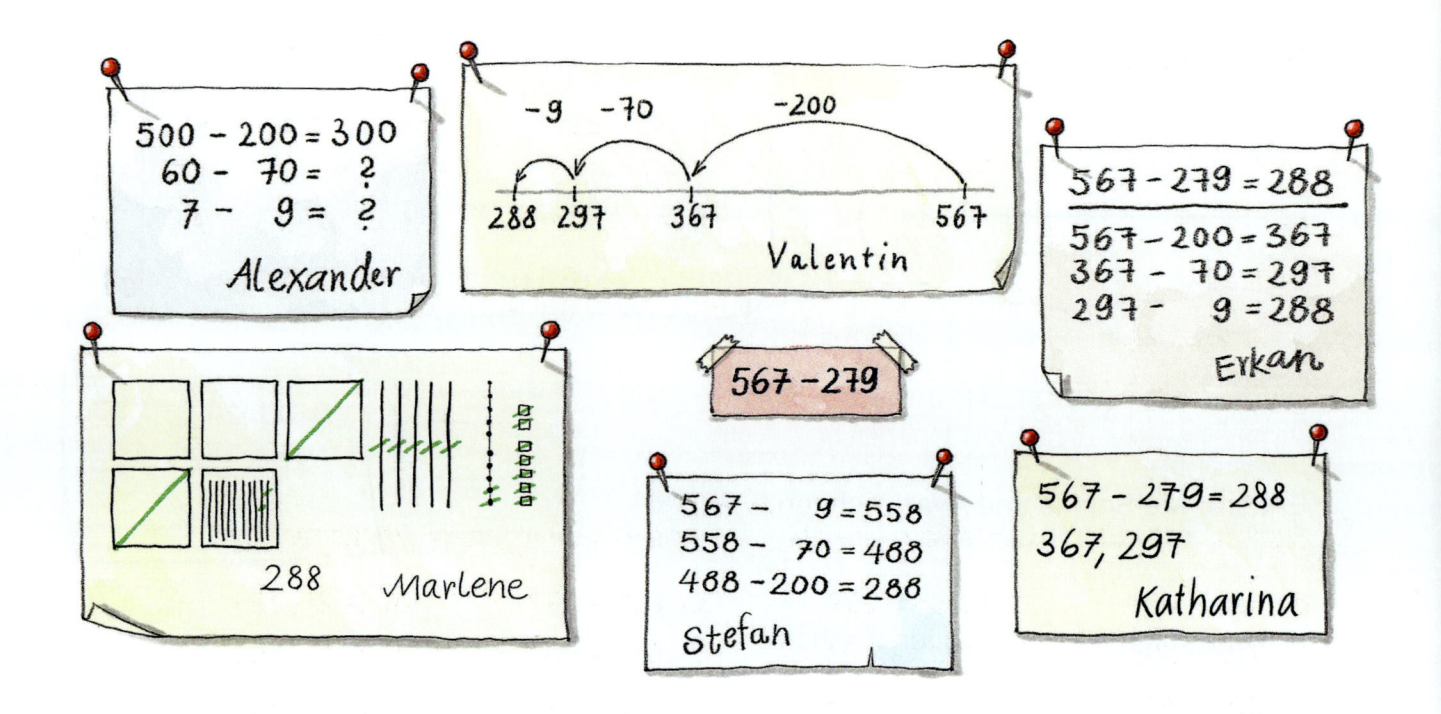

Subtraktion bis 1000 – Rechenwege

Alexander:
500 − 200 = 300
60 − 70 = ?
7 − 9 = ?

Valentin:
−9, −70, −200
288 297   367   567

Erkan:
567 − 279 = 288
567 − 200 = 367
367 − 70 = 297
297 − 9 = 288

Marlene: 288

567 − 279

Stefan:
567 − 9 = 558
558 − 70 = 488
488 − 200 = 288

Katharina:
567 − 279 = 288
367, 297

① Beschreibe die Rechenwege der Kinder. Welche Erklärung passt zu welchem Kind?

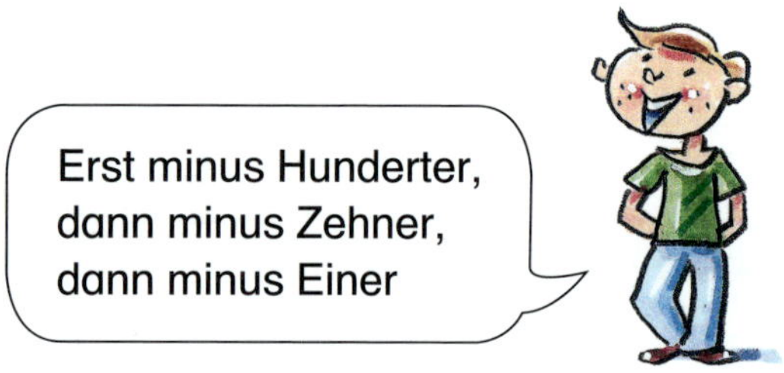

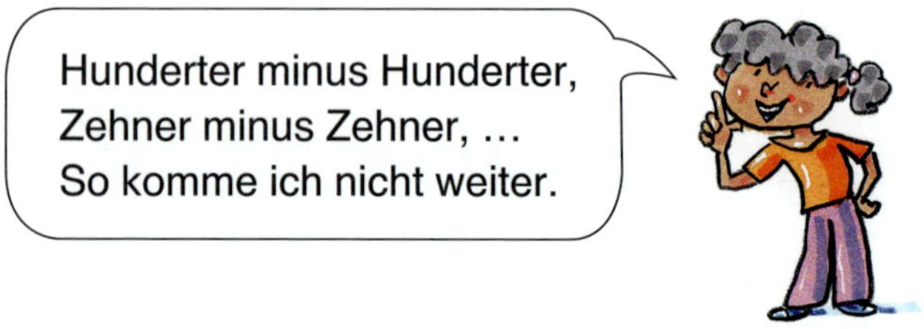

- Erst minus Einer, dann minus Zehner, dann minus Hunderter
- Erst minus Hunderter, dann minus Zehner, dann minus Einer
- Hunderter minus Hunderter, Zehner minus Zehner, … So komme ich nicht weiter.
- ?

② Wie rechnest du? Erkläre es deinem Partner. Vergleicht eure Rechenwege.

③ Löse auf deinem Weg.

a) Der Zehner wird „geknackt".

654 − 228   268 − 149
776 − 119   553 − 137
665 − 227   791 − 265

b) Der Hunderter wird „geknackt".

652 − 271   426 − 263
623 − 481   744 − 371
924 − 562   248 − 163

c) Erkläre deinen Rechenweg im 📖.

④ Nahe am vollen Hunderter

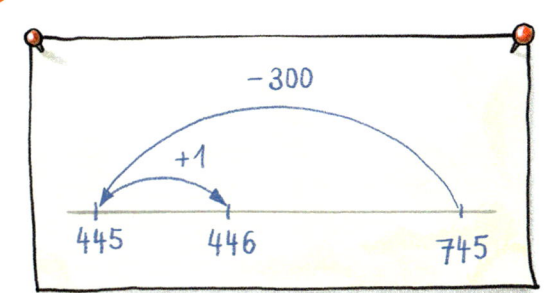

```
       − 300
   ┌─────────────┐
 +1│             │
445  446        745
```

a) 745 − 299
964 − 597
462 − 198

b) 652 − 398
574 − 299
864 − 197

c) 564 − 398
847 − 699
723 − 195

⑤ Rechne mit vollen Hundertern wie bei ④. Was fällt dir in jedem Päckchen auf?

a) 623 − 299
723 − 399
823 − 499

b) 655 − 299
665 − 298
675 − 297

c) 615 − 499
615 − 498
615 − 497

d) 842 − 199
841 − 199
840 − 199

⑥ Abziehen oder ergänzen? Rechne auf deinem Weg.

100 − 26 = 74
300 − 26 = 274
— Sebastian

300 − 26

26 + 74 = 100
26 + 274 = 300
— Hanni

a) 200 − 83
600 − 34
400 − 51
500 − 37

b) 700 − 66
900 − 17
500 − 8
200 − 6

c) 300 − 49
800 − 72
900 − 25
600 − 54

d) 1000 − 69
1000 − 79
1000 − 89
1000 − 7

⑦ Rechne auf deinem Weg.

a) 564 − 285
478 − 369
348 − 279

b) 497 − 265
753 − 398
324 − 268

c) 536 − 299
779 − 355
884 − 657

d) 700 − 81
500 − 49
300 − 77

e) Erkläre deinen Rechenweg im 📖.

Körper

AH S.44

Kugel Würfel Quader Zylinder Pyramide

① Wie heißen diese Körper? Ordne zu. Beschreibe.

… kann kippen, …

… besteht aus Quadraten.

… kann rollen.

?

② Zeige an den Körpern Ecken, Kanten und Flächen.

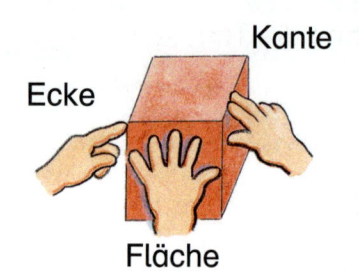

Ecke — Kante — Fläche

③ Steckbriefe: Welche Körper sind es?

?	
Ecken	8
Kanten	?
Flächen	?
Formen	Rechtecke

?	
Ecken	?
Kanten	12
Flächen	6
Formen	Quadrate

?	
Ecken	0
Kanten	0
Flächen	3
Formen	?

a) Ergänze die Steckbriefe.

b) Schreibe einen Steckbrief zu Kugel und Pyramide.

④ Welche Körper wurden im Sand abgebildet?

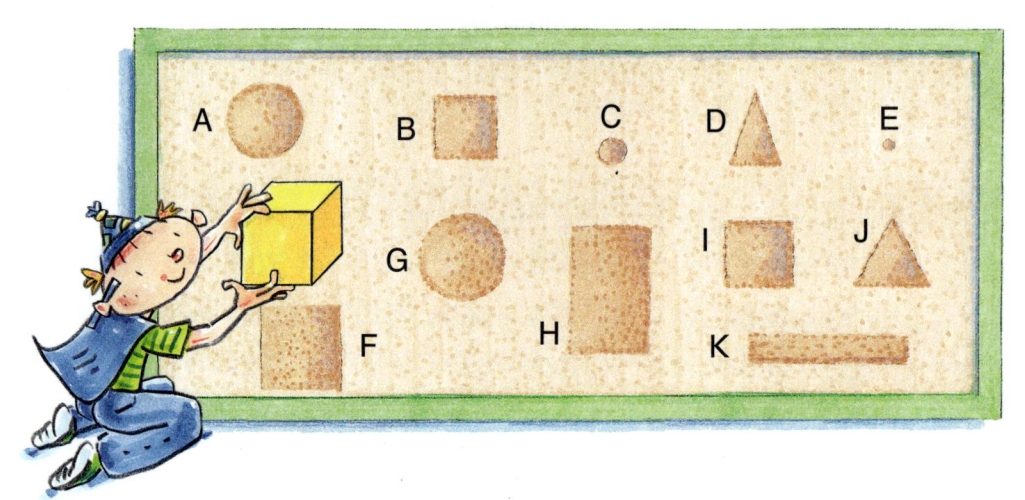

56

Der Würfel – ein besonderer Quader

AH S. 45

5 Alles Quader!

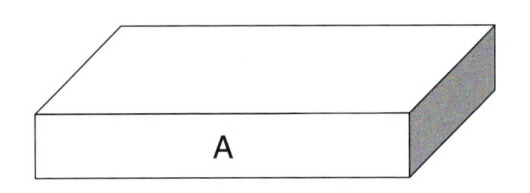

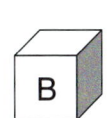

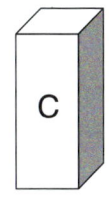

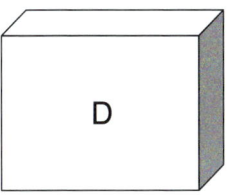

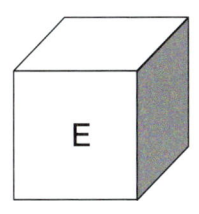

A   B   C   D   E

a) Beschreibe diese Quader.
- Was ist gleich?
- Worin unterscheiden sie sich?

Rechte Winkel entdecke ich bei …

Immer zwei gegenüberliegende Flächen …

b) Welche Quader sind auch Würfel?
Wie unterscheiden sie sich von den anderen Quadern?

6 Zeichne die Tabelle in dein 📖 und ergänze.

Würfel 🔲		Quader ▭
	Ecken	
	Kanten	
	Seitenflächen	
	Formen	

Was stellst du fest?

7 Baut Würfel und andere Quader aus verschiedenen Materialien. Vergleicht eure Modelle.

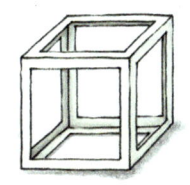

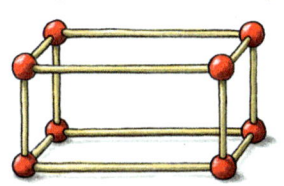

8 Würfelkippen – Geometrie im Kopf

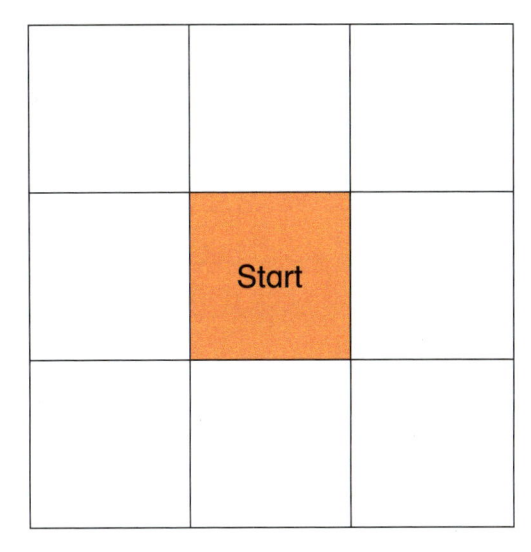

Lege deinen Würfel so 🎲 auf Start.

a) Kippe ihn …
- … von dir weg.
- … nach links.
- … zu dir hin.
- … nach rechts.

Wenn ich ihn von mir wegkippe, dann liegt …

Welche Augenzahl ist jeweils oben?

b) Lege deinen Würfel anders hin. Kippe wie oben. Welche Augenzahl ist jetzt jeweils oben?

c) Kannst du es auch im Kopf?

Körper in der Umwelt

a) b) c) d) e) f) g) h) i) j) k) l)

① Welche Körperformen kannst du hier entdecken?
Beschreibe. Schreibe so auf:

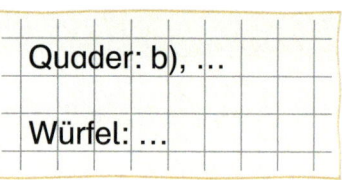

Quader: b), …

Würfel: …

② Bringt Dinge für eine Körper-Ausstellung mit.
Ordnet sie so:

Quader | Würfel | Kugel | Zylinder | ?

③ Rätsel: Welche Körper sind das?

a) Ich kann rollen und kippen.
Ein Hut hat meinen Namen.

b) Ich habe 8 Ecken und nur quadratische Flächen.

c) Ich kann rollen und habe keine Kanten und Ecken.

d) Ich habe die Form einer Dose.

e) Du findest mich oft in Ägypten. Ich bin Grabstätte für Könige.

f) Ich sehe aus wie eine Säule.

④ Bringt Fotos, Postkarten und Bilder mit.
Beschreibt die Körperformen.

⑤ Von wo aus siehst du das Bauwerk?

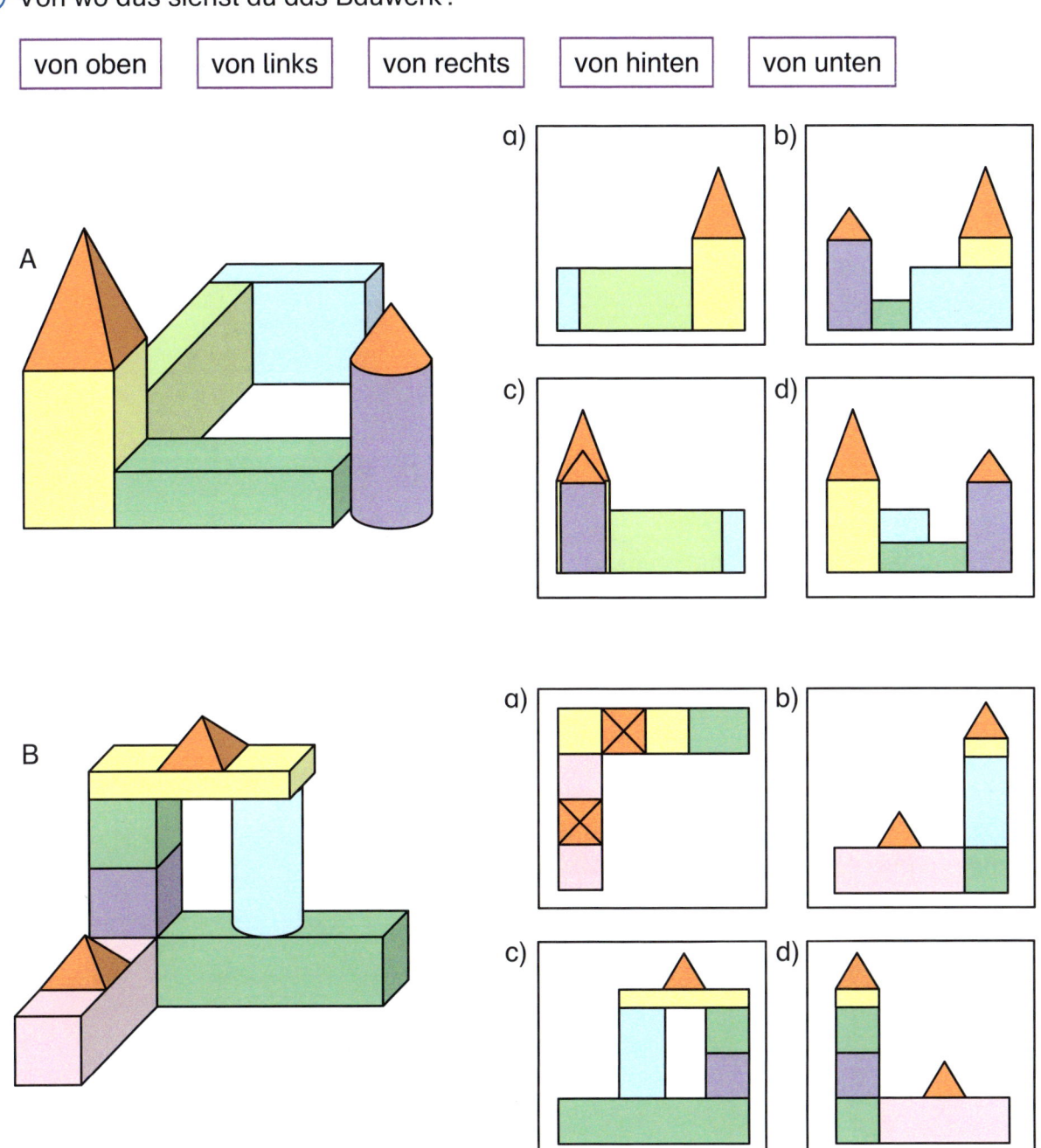

| von oben | von links | von rechts | von hinten | von unten |

Würfelnetze herstellen

Immer 6 Quadrate ergeben einen Würfel.

Ich klebe sie so aneinander, dass ich einen Würfel falten kann.

Würfel
Würfelnetz

① **Findet verschiedene Würfelnetze.**

a) Nehmt immer 6 Quadrate und klebt ein Netz. Überprüft, ob ein Würfel entsteht.

b) Vergleicht und sortiert eure Würfelnetze. Sind Netze gleich?

c) Wie viele verschiedene Würfelnetze findet ihr?

Wenn du 2 Netze genau aufeinanderlegen kannst, sind sie deckungsgleich.

② **Auch so könnt ihr Würfelnetze herstellen:**

a) Stelle selbst ein Würfelnetz auf diese Art her.
b) Überprüfe, ob du daraus einen Würfel falten kannst.

③ Zeichne Würfelnetze auf Karopapier und schneide sie aus. Klebe nur jeweils ein Quadrat im Heft fest. Falte die Netze.

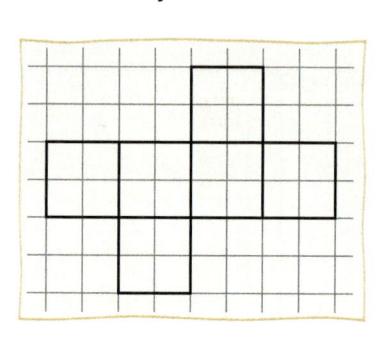

Mit Würfelnetzen experimentieren

AH S. 47

4 Welche Netze sind Würfelnetze, welche nicht? Vermute.

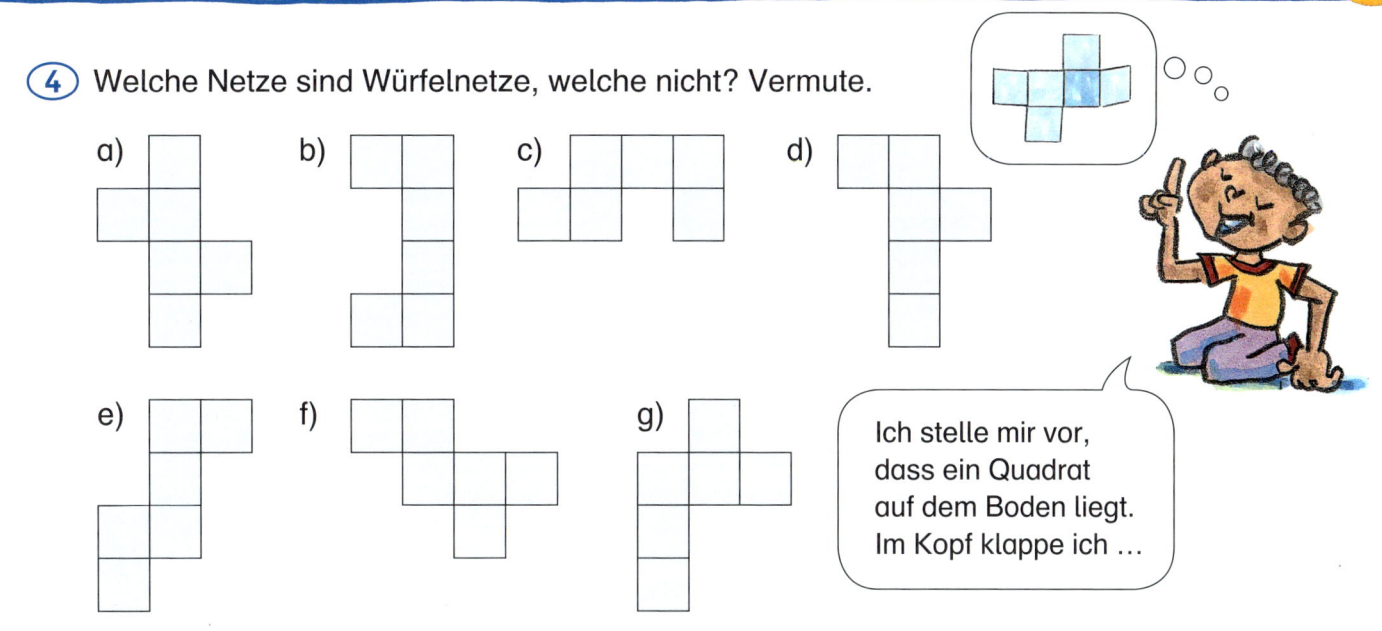

a)   b)   c)   d)

e)   f)   g)

Ich stelle mir vor, dass ein Quadrat auf dem Boden liegt. Im Kopf klappe ich …

Zeichne auf Karopapier, schneide aus und überprüfe deine Vermutungen.

5 Falte im Kopf. Welche Kanten stoßen zusammen?
Zeichne die Netze auf Karopapier. Färbe die Kanten, die zusammenstoßen, mit der gleichen Farbe. Schneide aus und überprüfe durch Falten.

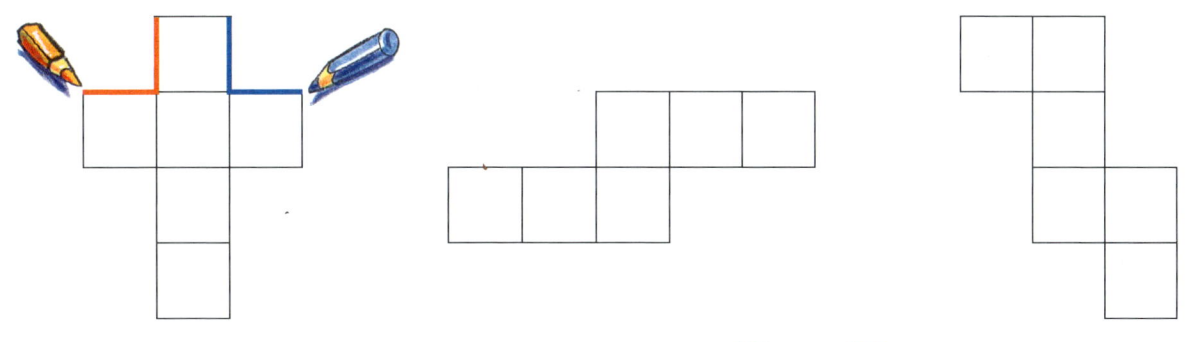

Färbe die Kanten auch bei deinen Netzen von **3** und **4**.

6 Welche Würfelpunkte fehlen in den Netzen?
Zeichne die Netze und trage die fehlenden Punkte ein. Überprüfe.

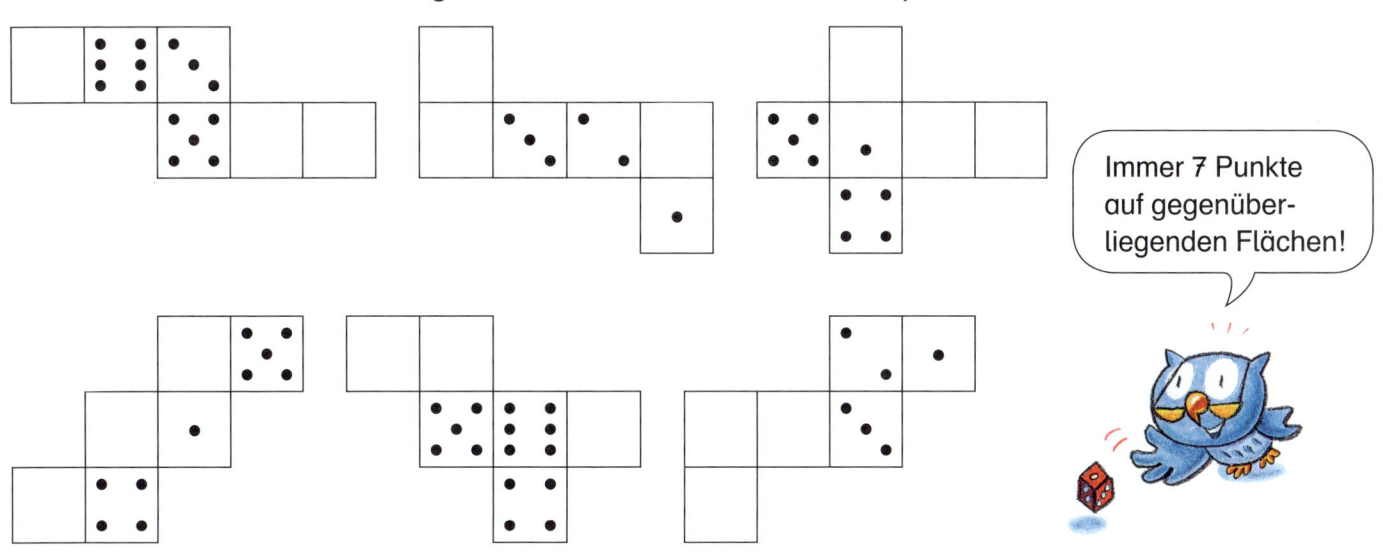

Immer 7 Punkte auf gegenüberliegenden Flächen!

7 Zeichne 3 Würfelnetze in dein 📖.

61

Rechentricks bei ⊕ und ⊖

3 Vorwärts-Sprünge …

427 + 398

… oder Vorwärts-Rückwärts-Sprung?

427   727   817 825

427 + 300 = 727
727 + 90 = 817
817 +   8 = 825

427   825 827

427 + 400 = 827
827 −   2 = 825

① a) Erkläre Bims Rechentrick für Plusaufgaben. Zeichne und rechne wie Bim.

349 + 497   366 + 99   238 + 399
455 + 299   401 + 298   432 + 497

465, 637, 699, 754, 846, 929

b) Welche Aufgaben kannst du gut mit Bims Trick lösen, welche nicht?

227 + 198   625 + 297   184 + 132
634 + 118   698 + 146   114 + 298

316, 412, 425, 752, 844, 922

3 Rückwärts-Sprünge …

746 − 298

… oder Rückwärts-Vorwärts-Sprung?

448 456   546   746

746 − 200 = 546
546 − 90 = 456
456 −   8 = 448

446 448   746

746 − 300 = 446
446 +   2 = 448

② a) Erkläre Simsalas Rechentrick für Minusaufgaben. Zeichne und rechne wie Simsala.

912 − 499   419 − 298   829 − 196
657 − 296   364 − 199   568 − 397

121, 165, 171, 361, 413, 633

b) Welche Aufgaben kannst du gut mit Simsalas Trick lösen, welche nicht?

476 − 198   654 − 399   729 − 572
825 − 323   362 − 97   941 − 599

157, 255, 265, 278, 342, 502

③ Ein neuer Trick für Minusaufgaben: Ergänzen.
Erkläre.

300 − 299 = ☐

Ich ergänze:
299 + …

a) 300 − 299
    702 − 698
    1000 − 997
    601 − 598

b) Warum kannst du diese Aufgaben gut durch Ergänzen lösen?
   Erkläre.
   886 − 884   436 − 431   535 − 531
   793 − 792   681 − 680   268 − 261

c) Finde ähnliche Aufgaben für dein 📖.

④ Kleiner Unterschied

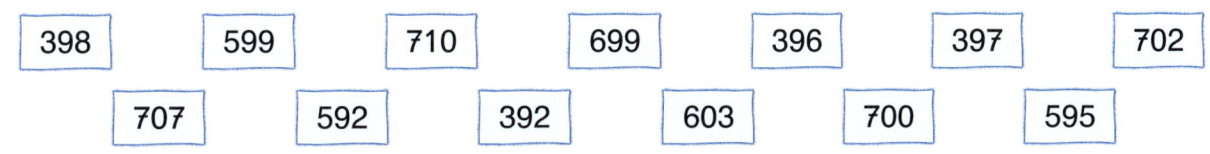

| 398 | 599 | 710 | 699 | 396 | 397 | 702 |
| 707 | 592 | 392 | 603 | 700 | 595 |

Bilde aus diesen Zahlen Minusaufgaben. Die Differenz ist kleiner als 10.

⑤ Ein Trick zum Erkennen von Fehlern: Überprüfen mit dem Überschlag.

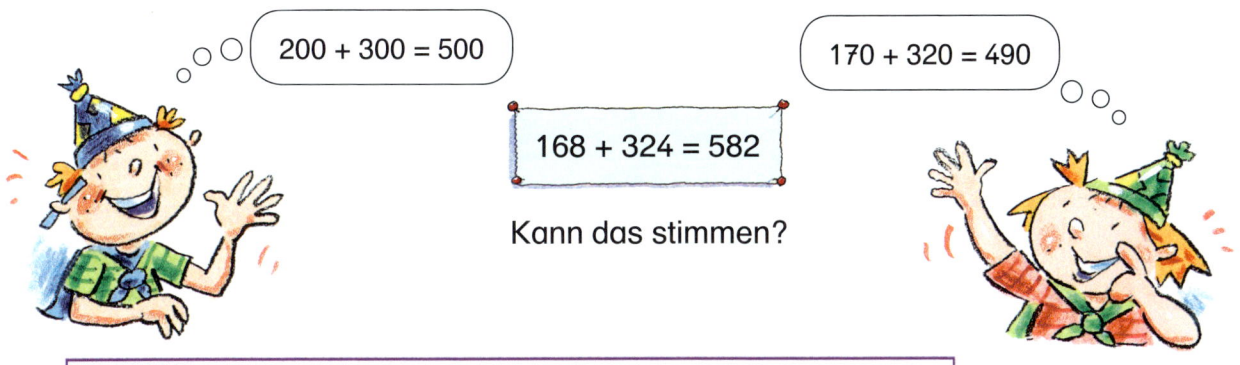

200 + 300 = 500

170 + 320 = 490

168 + 324 = 582

Kann das stimmen?

Rechnen mit vereinfachten Zahlen nennt man Überschlagen.

⑥ Finde falsche Ergebnisse mit dem Überschlag.
Rechne richtig.

362 + 481 = 743   526 + 317 = 843   257 + 72 = 977   36 + 494 = 530

518 − 282 = 236   927 − 683 = 344   796 − 185 = 611   835 − 81 = 654

Glücksräder erforschen

1 Bastelt mehrere Glücksräder in der Gruppe. Immer 4 Felder sollen blau und 4 Felder rot sein. Färbt die Glücksräder unterschiedlich.

Wie viele verschiedene Glücksräder gibt es?

2 a) Wähle mit deinem Partner ein Glücksrad. Jeder wählt eine Farbe.
Dreht insgesamt 20-mal. Kommt deine Farbe, male ein Kästchen aus:

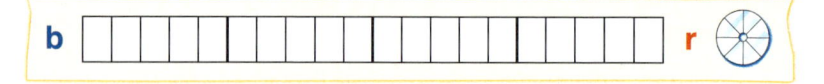

Malt neben den Streifen euer Rad. Wer gewinnt?

b) Wählt ein anderes Rad. Welche Farbe gewinnt nun?

c) Vergleicht eure Streifen zu diesen Rädern.

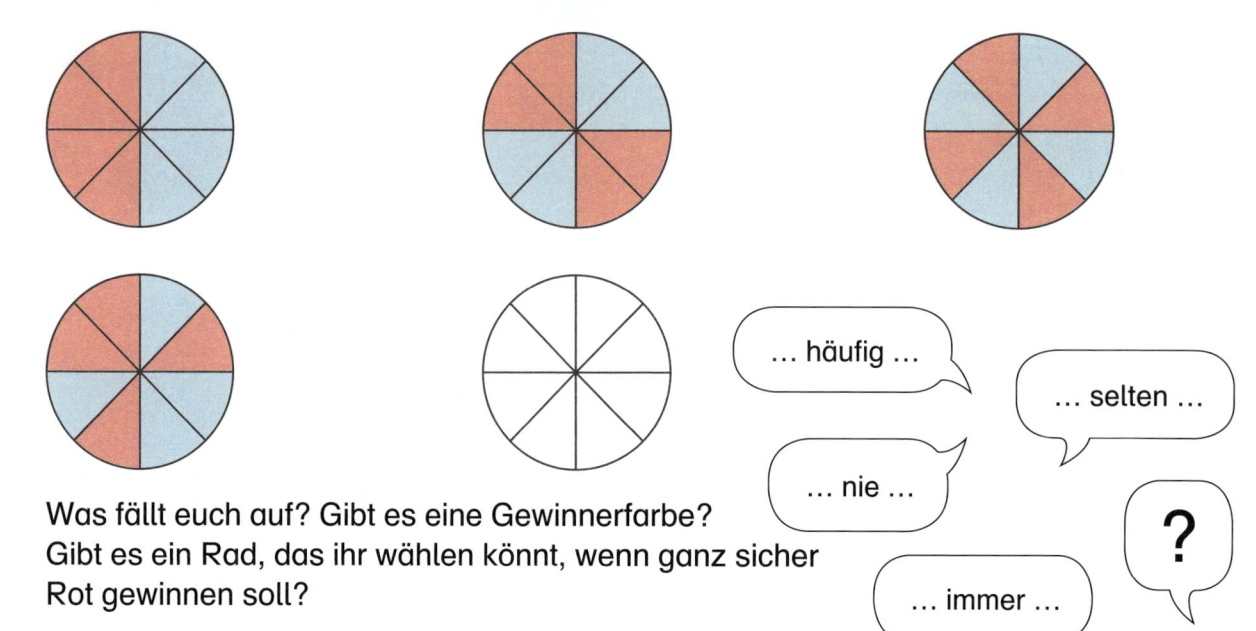

Was fällt euch auf? Gibt es eine Gewinnerfarbe?
Gibt es ein Rad, das ihr wählen könnt, wenn ganz sicher Rot gewinnen soll?

… häufig …

… selten …

… nie …

… immer …

?

64

③ a) Miriam und Elias spielen mit Glücksrädern. Elias wählt Rot. Er will unbedingt gewinnen. Welches Rad sollte er wählen?

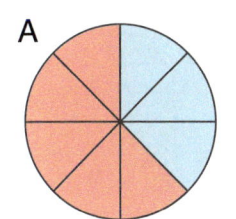

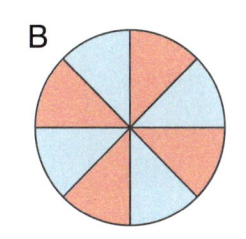

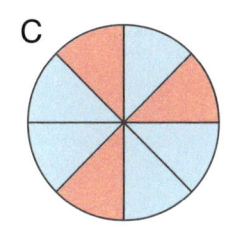

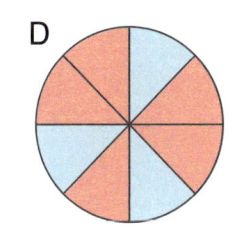

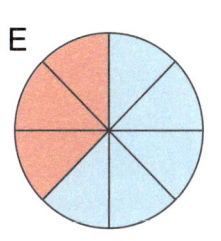

A   B   C   D   E

b) Probiere mit deinem Partner aus. Notiert wieder auf Streifen. Malt das Rad dazu. Erklärt und verwendet die Begriffe.

… wahrscheinlicher als …

… unwahrscheinlicher als …

möglich

sicher

unmöglich

c) Male Glücksräder, bei denen …
- … du gute Chancen hast, mit Rot zu gewinnen.
- … es unmöglich ist, mit Rot zu gewinnen.
- … es wahrscheinlicher ist, mit Blau zu gewinnen als mit Rot.
- …

④ Beschriftet die Felder eines Glücksrads mit den Zahlen von 1 bis 8.
Welche Spielregeln sind gerecht?
Wo haben beide Spieler die gleiche Gewinnchance?

a) Spieler 1: gerade Zahl
   Spieler 2: ungerade Zahl

b) Spieler 1: Zahl größer als 3
   Spieler 2: Vielfaches von 2

c) Spieler 1: Zahl durch 3 teilbar
   Spieler 2: Zahl nicht durch 3 teilbar

Probiert aus. Hattet ihr Recht?
Begründet: Weshalb ist eine Regel gerecht oder ungerecht?

⑤ Denke dir gerechte Regeln für das Glücksrad aus.

⑥ Welches Glücksrad würdest du bei diesen Regeln wählen?

a) Eine gerade Zahl gewinnt.
b) Eine Zahl kleiner als 3 gewinnt.
c) Ein Vielfaches von 3 gewinnt.
d) Eine Zahl größer als 6 gewinnt.

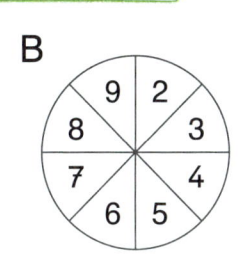

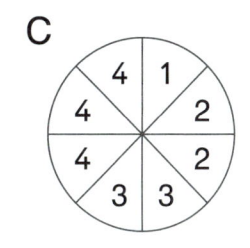

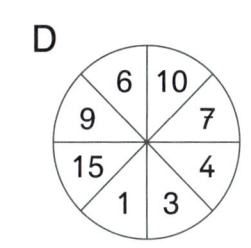

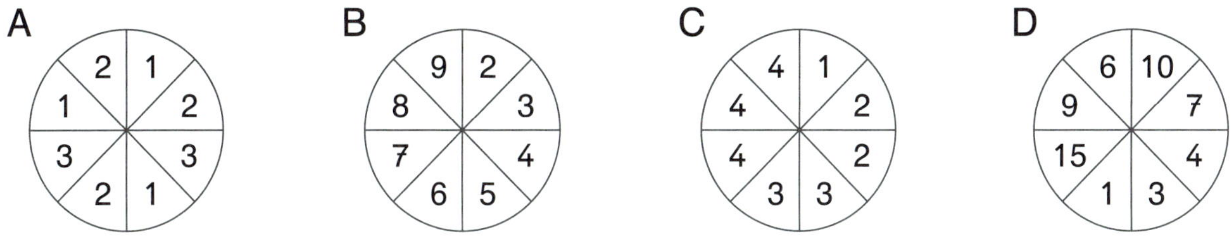

A   B   C   D

Skizzen zeichnen

1 Max geht um 7.15 Uhr aus dem Haus. Um 7.35 Uhr fährt der Schulbus. Die Fahrzeit beträgt 25 Minuten. Wie lange ist Max unterwegs?

Kinder haben zu dieser Aufgabe gezeichnet.
a) Welche Zeichnung ist einfach?
   Welche hilft beim Rechnen? Erkläre.
b) Rechne.

Eine einfache Zeichnung nennt man Skizze.

2 a) Zeichne eine Skizze mit allen notwendigen Angaben. Löse die Aufgabe.

Anikas Unterricht endet um 12.15 Uhr. Um 12.25 Uhr fährt der Schulbus. Die Fahrt dauert 20 Minuten. Dann muss sie noch 3 Minuten zu Fuß gehen. Wann ist sie zu Hause?

b) Vergleicht eure Skizzen und Lösungen in der Gruppe.
   - Welche Skizzen sind einfach? Welche helfen beim Rechnen?
   - Welche Lösungswege könnt ihr gut verstehen?

3 Löse die Aufgaben mithilfe der Skizzen.

a) Herr Müller möchte den Gemüsegarten einzäunen. Dieser ist 7 m lang und 6 m breit.
Wie viel Meter Zaun braucht er?

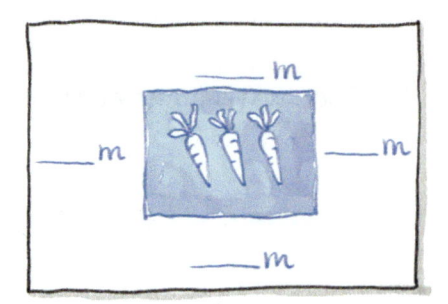

b) Eva ist 1 m 45 cm groß.
Luis ist 12 cm größer als Eva.
Beate ist 8 cm kleiner als Eva.
Wie groß ist jeder?

4 Zeichne Skizzen. Löse die Aufgaben.
a) Paul ist 1 m 38 cm groß, Stefan ist 5 cm kleiner.
Ben ist 8 cm größer als Paul. Tim ist 13 cm kleiner als Ben. Wie groß ist jeder?
b) Lea baut für ihre Hasen einen Freilauf im Garten.
Er ist 3 m lang und 2 m breit. Wie viel Meter Zaun hat sie gebraucht?

Kompetenz: Modellieren

6 Schritte zur Lösung

A H S. 50

Ich schaue die Fragen nochmal an.

Ich muss die Aufgabe öfter lesen und nacherzählen.

Ich schreibe Wichtiges auf.

Sachaufgabe der Woche
Simone und Max unternehmen eine Radtour. Um 9 Uhr radeln sie los. Nach einer Stunde machen sie 30 Minuten Pause. Dann brauchen sie noch 35 Minuten bis zum Ziel. Wann kommen sie an?

Mir hilft eine Skizze.

Zum Schluss überlege ich:
- Kann das Ergebnis stimmen?
- Passt die Antwort zur Frage?

5 Ordne die Tipps der Kinder den Schritten zu.
Löse die Aufgabe.

Lies genau.   Wonach ist gefragt?   Rechne.

Was ist wichtig?   Was hilft?   Kann das stimmen?

6 Denke beim Lösen der Aufgaben an die 6 Schritte.

a) Die Schule in Neustadt erhält eine Spende von 100 €.
Davon werden 6 Bälle für je 6 € und 8 Sprungseile für je 4 € gekauft.
Für den Rest kauft die Schule Federballspiele für je 8 €. Wie viele Federballspiele sind es?

b) Auf Paulas Reiterhof wird eine quadratische Koppel eingezäunt. Jede Seite ist 25 m lang.
Für das Tor bleiben 3 m frei.
Wie viel Meter Zaun muss Paulas Vater besorgen?

c) ★ Elias will mit seiner Mutter zur Oma.
Sie wollen um 12 Uhr dort sein.
2 Stunden fahren sie mit dem Zug.
Dann müssen sie noch 20 Minuten mit der U-Bahn fahren und 10 Minuten laufen.

Elias überlegt:
Wann müssen wir spätestens von zu Hause losfahren?

Kompetenz: Modellieren **67**

Rätsel aus dem Knobelbuch

STRATEGIE: Probieren und Ordnen

1 Eulalia fliegt über den See am Zauberwald.
Dort leben Frösche und Enten.
Einige davon sitzen am Ufer. Eulalia zählt 20 Beine.
Wie viele Frösche und Enten könnten es sein?

a) Versuche die Aufgabe zu lösen. Hast du alle Möglichkeiten gefunden?

b) Wie haben Lea, Isabel und Danilo die Aufgabe gelöst?

Lea: „Ein Frosch 4 Beine, eine Ente 2 Beine, noch eine Ente …"
4 + 2 + 2 …

Isabel: „Ich verteile die 20 Beine."
F F E F E F
|||| |||| || |||| || ||||
Frosch 4   Ente 2

Danilo: „Mir hilft eine Tabelle."

🐸	🦆
0	10
1	8

c) Vergleicht eure Lösungen in der Gruppe. Wie seid ihr vorgegangen?

2 Auf dem Rückflug zählt Eulalia am See 32 Beine.
Wie viele Frösche und Enten könnten es nun sein?
Probiert verschiedene Lösungswege aus und vergleicht.

3 Auf dem Weiterflug im Zauberwald sieht Eulalia Spinnen (je 8 Beine) und Käfer (je 6 Beine). Sie zählt 84 Beine. Wie viele Spinnen und Käfer könnten es sein?

68 Kompetenz: Problemlösen

④ Zahlenrätsel

> Ich denke mir eine Zahl und multipliziere sie mit 7. Dann addiere ich 16. Ich dividiere das Ergebnis durch 9. So erhalte ich 8.

STRATEGIE Rückwärtsarbeiten

> Ich habe das Rätsel als Rechenkette aufgeschrieben.

> Hier hilft Rückwärtsarbeiten.

☐ → ·7 → +16 → :9 → 8

☐ ← :7 ← −16 ← ·9 ← 8

Erkläre, was die Rechenkette mit dem Rückwärtsarbeiten zu tun hat.

⑤ Löse weitere Zahlenrätsel durch Rückwärtsarbeiten.

a) Wenn ich zu meiner Zahl 45 addiere, ist das Ergebnis das Doppelte von 100.

b) Ich denke mir eine Zahl, multipliziere sie mit 10. Dann subtrahiere ich 2. Das Ergebnis dividiere ich durch 6. Ich erhalte 8.

c) Ich denke mir eine Zahl und dividiere sie durch 5. Dann addiere ich 31. Das Ergebnis verdopple ich. So erhalte ich 80.

⑥ Erfinde selbst Rätsel zum Probieren und Ordnen und zum Rückwärtsarbeiten.

> Eulalia fliegt über einen Bauernhof. Sie sieht Kühe und Hühner. Sie zählt …

> Hier hilft doch auch Rückwärtsarbeiten:

> Wenn ich meine Zahl mit 4 multipliziere, dann …

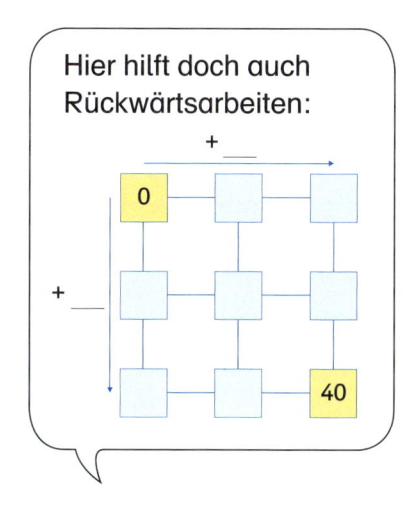

?

Schreibe ein Rätsel in dein 📖.

Kompetenz: Problemlösen

So groß bin ich schon!

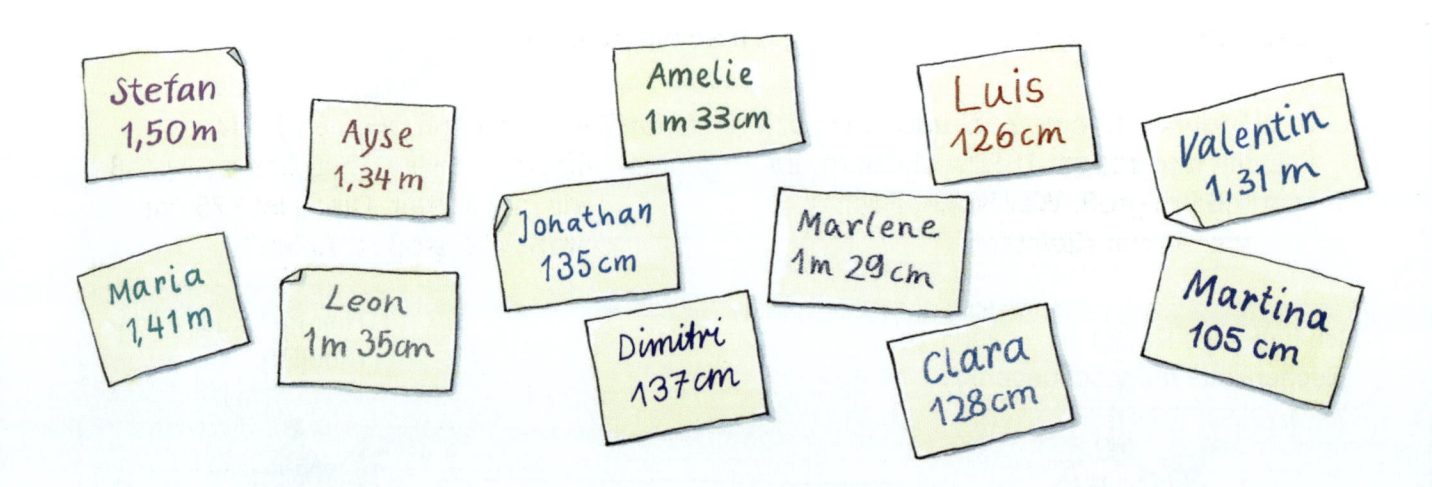

Stefan 1,50 m
Ayse 1,34 m
Amelie 1 m 33 cm
Luis 126 cm
Valentin 1,31 m
Maria 1,41 m
Leon 1 m 35 cm
Jonathan 135 cm
Marlene 1 m 29 cm
Martina 105 cm
Dimitri 137 cm
Clara 128 cm

1 Vergleicht.
Wie haben die Kinder ihre Größen aufgeschrieben?

2 a) So werden Längen mit Komma geschrieben. Erkläre.

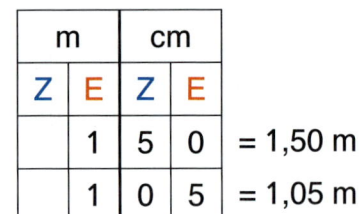

m		cm		
Z	E	Z	E	
	1	5	0	= 1,50 m
	1	0	5	= 1,05 m

Stefan 1,50 m
Martina 1,05 m

b) Schreibe die Größe von 6 Kindern verschieden auf.

Name	Größe			
Stefan	1 m 50 cm	1,50 m	150 cm	
Maria	1 m 41 cm	1,41 m	141 cm	

1 m = 100 cm

3 Wer will sich in eurer Klasse messen lassen?

a) Schätzt die Größe der Kinder und schreibt auf.
b) Messt genau und schreibt auf.
c) Wie gut war eure Schätzung?
d) Schreibt die Größen wie in Aufgabe **2** b) verschieden auf.

Name	geschätzt	gemessen
Emil	130 cm	142 cm

④ Ergänze die Skizzen in deinem Heft und löse die Aufgaben.

a) Elias ist 1,46 m groß. Klaus ist 10 cm größer als Elias. Hannes ist 1,64 m groß. Wer ist der Größte, wer ist der Kleinste?

b) Anika steigt auf einen Stuhl, der 40 cm hoch ist. Jetzt ist sie so groß wie ihre Mutter. Diese ist 175 cm groß. Wie groß ist Anika?

⑤ a) Susi ist 1 m 26 cm groß. Ihre Freundin Tanja ist 4 cm kleiner als sie. Sarah ist 6 cm größer als Tanja. Welches ist das größte, welches das kleinste Mädchen? Wie groß sind Tanja und Sarah?

Hier hilft mir eine Skizze.

b) Peter ist 1 m 36 cm groß. Er ist kleiner als Thomas. Wenn er sich aber auf eine 20 cm hohe Kiste stellt, sind beide gleich groß. Wie groß ist Thomas?

c) Paul ist 1,40 m groß. Max ist 14 cm kleiner als Paul. Tobias ist 8 cm größer als Paul. Wie groß sind Max und Tobias?

e) Stefan und Hanna sind zusammen so groß wie ihr Vater. Ihr Vater ist 1,85 m groß. Hanna ist 25 cm kleiner als Stefan. Wie groß sind Hanna und Stefan?

d) Sarah ist 92 cm groß. Andreas ist 15 cm größer. Wie groß ist Andreas?

f) Wenn meine Mutter 7 cm hohe Absätze trägt, ist sie so groß wie Vater. Ohne Absätze ist sie 42 cm größer als ich. Ich bin mit 1 m 30 cm der Kleinste in unserer Familie. Wie groß sind Vater und Mutter?

g) Tobias ist 72 cm groß. Er ist 21 cm kleiner als seine Schwester Anja. Tobias und Anja sind zusammen genauso groß wie ihre Mutter. Anja ist halb so groß wie ihr Vater. Wie groß sind Anja, Vater und Mutter?

⑥ Wie groß bist du? Wie groß sind deine Mama, dein Papa, …? Zeichne und schreibe in dein 📖.

Optische Täuschungen

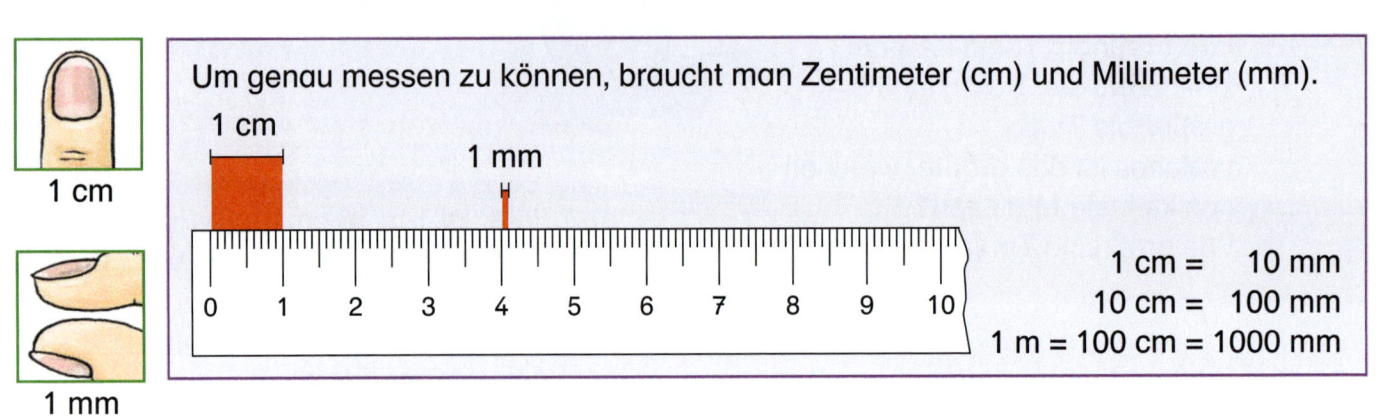

① Vermute und beantworte die Fragen. Miss genau nach. Hattest du Recht?

Ist der Zylinder höher oder breiter?

Sind die Striche gleich lang?

Von Schnabel zu Schnabel: Welches rote Band ist länger?

1 cm

1 mm

Um genau messen zu können, braucht man Zentimeter (cm) und Millimeter (mm).

1 cm = 10 mm
10 cm = 100 mm
1 m = 100 cm = 1000 mm

„Milli" kommt vom lateinischen Wort „mille", das heißt 1000. Überlege, warum der Millimeter „Millimeter" heißt.

② Zeige am Lineal und rechne in mm um. Zeichne die Strecken.

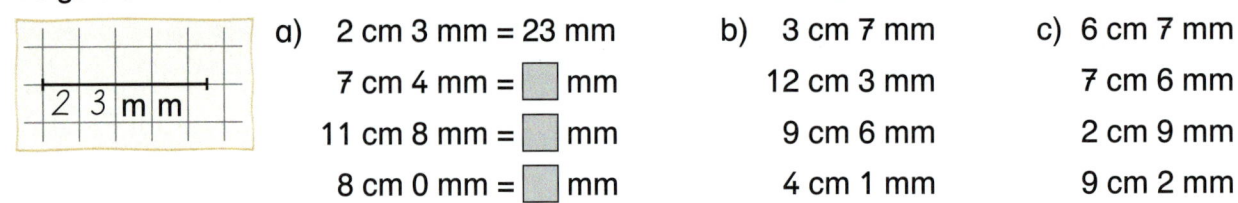

a) 2 cm 3 mm = 23 mm
7 cm 4 mm = ☐ mm
11 cm 8 mm = ☐ mm
8 cm 0 mm = ☐ mm

b) 3 cm 7 mm
12 cm 3 mm
9 cm 6 mm
4 cm 1 mm

c) 6 cm 7 mm
7 cm 6 mm
2 cm 9 mm
9 cm 2 mm

③ Zeige am Lineal und rechne in cm und mm um. Zeichne die Strecken.

a) 34 mm = 3 cm 4 mm
92 mm = ☐ cm ☐ mm
40 mm = ☐ cm ☐ mm
132 mm = ☐ cm ☐ mm

b) 63 mm
110 mm
55 mm
14 mm

c) 10 mm
39 mm
86 mm
42 mm

d) 28 mm
43 mm
72 mm
95 mm

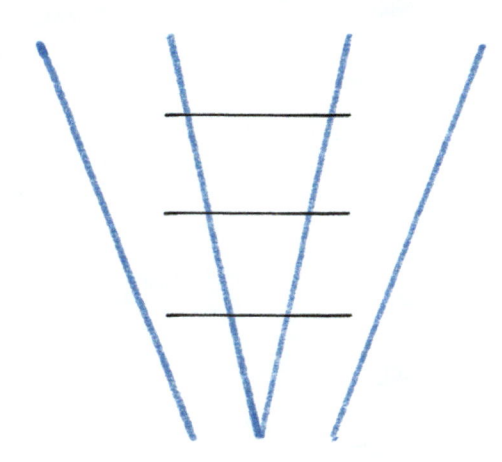

Welcher schwarze Strich ist der längste?

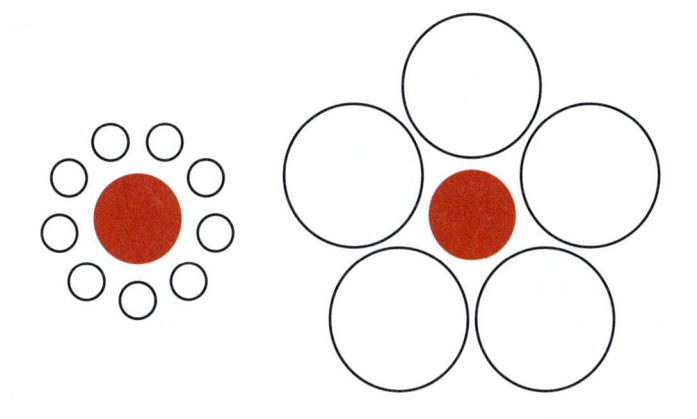

Ein großer und ein kleiner roter Kreis?
Suche weitere optische Täuschungen im Internet, in Büchern, …

④ Ordne der Länge nach. Beginne mit der kürzesten Strecke.
a) 3 cm   13 mm   3 mm   10 cm   13 cm
b) 9 mm   9 m   9 cm   90 cm   19 mm
c) 3 cm 4 mm   34 cm   3 m 4 cm   43 mm   43 m

⑤ Ungefähr 10 cm

a) Miss die Strecken. Zeichne sie und schreibe die genaue Länge dazu.

b) Zeichne 3 Strecken, die ungefähr 12 cm lang sind.
Schreibe die genaue Länge dazu.

⑥ Schätzt mit den Körpermaßen, begründet und überprüft:

1 mm   1 cm

10 cm

Handspanne

- deinen Stift,
- dein Zahlenzauber-Buch,
- dein …

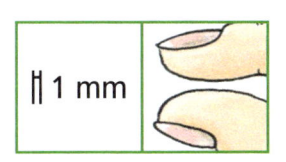

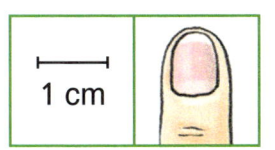

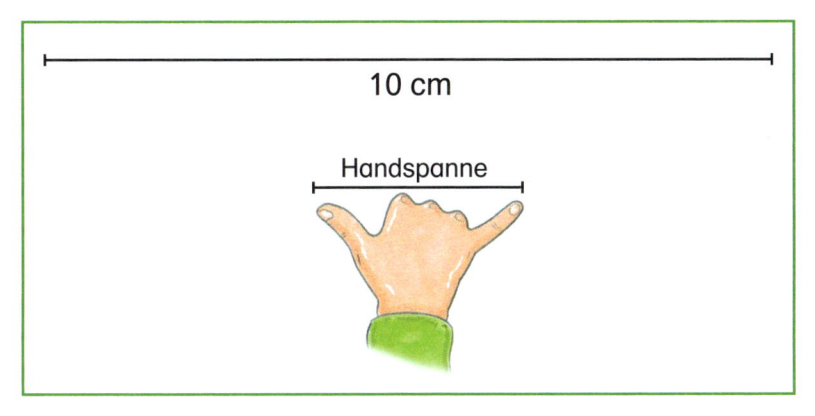

Symmetrische Figuren

① Eine Hälfte genau wie die andere: Stelle symmetrische Figuren her.
Erinnerst du dich? Was haben sie gemeinsam?

Faltschnitt   Klecksbild   mit dem Zauberspiegel

> Diese symmetrischen Figuren haben eine **Spiegelachse** und zwei Hälften.
> Die Hälften sind **deckungsgleich**.

② Gestaltet ein Plakat mit symmetrischen Figuren. Sprecht darüber.
Verwendet die Begriffe:

deckungsgleich   symmetrisch   Spiegelachse

③ Wo haben die Figuren eine Spiegelachse? Überprüfe mit dem Zauberspiegel.

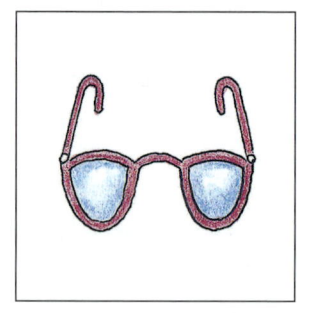

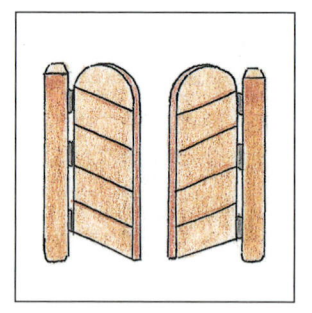

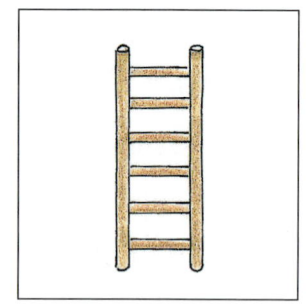

④ Sind alle Figuren symmetrisch? Überprüfe.

5) Welche Linien sind Spiegelachsen? Beschreibe.
Überprüfe mit dem Zauberspiegel. Begründe.

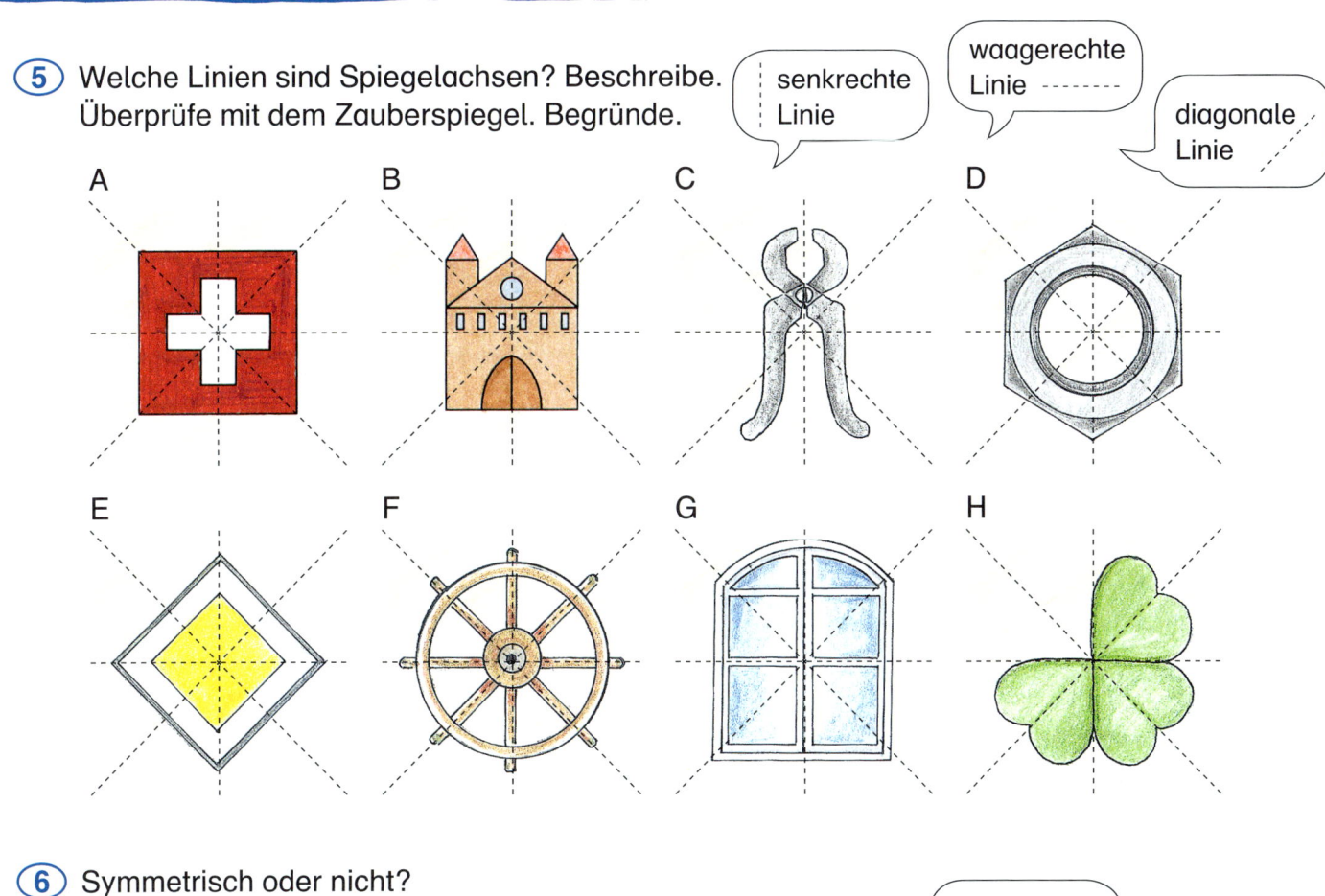

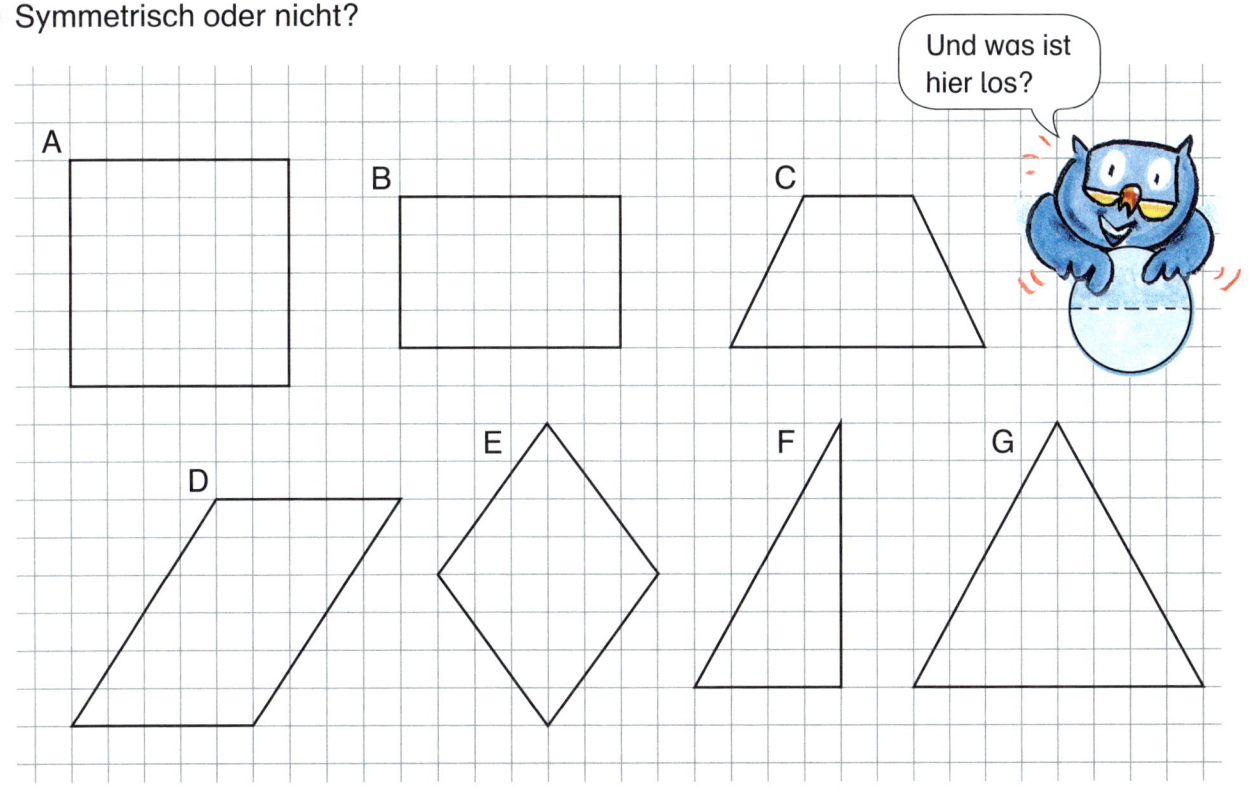

senkrechte Linie

waagerechte Linie

diagonale Linie

A B C D

E F G H

6) Symmetrisch oder nicht?

Und was ist hier los?

A B C

D E F G

a) Welche Figur hat die meisten Spiegelachsen?
Vermute zuerst. Zeichne die Figuren auf Karopapier, schneide sie aus und überprüfe durch Falten.

b) Klebe die Figuren in dein 📖 und zeichne die Spiegelachsen ein.

7) Zeichne selbst symmetrische Figuren. Zeichne die Spiegelachse ein.

Bilder erspiegeln

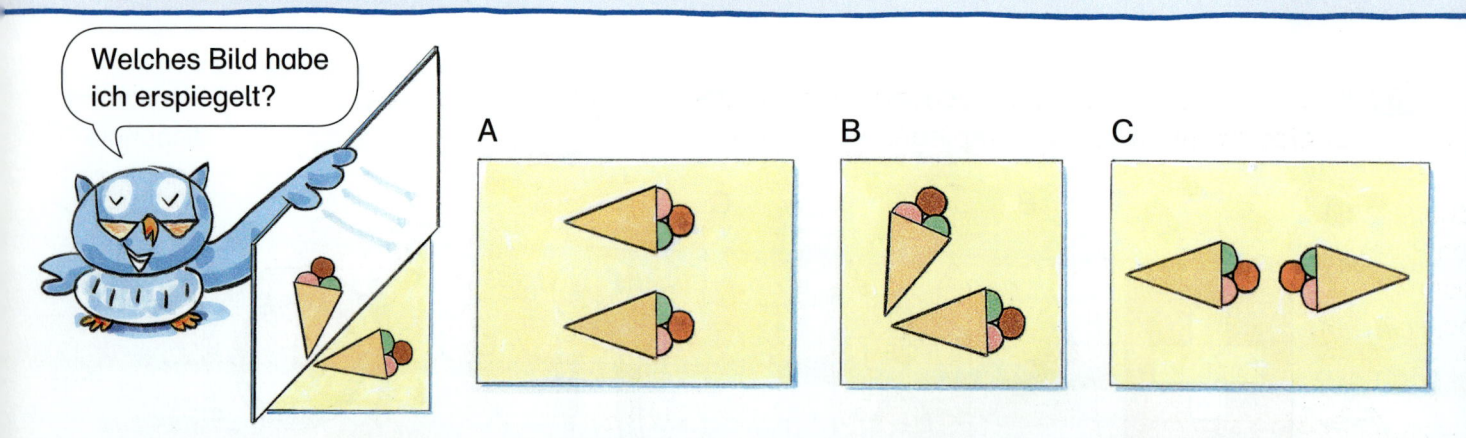

Welches Bild habe ich erspiegelt?

A B C

① Wie muss Eulalia den Spiegel hinstellen, damit auch die anderen Bilder entstehen? Erkläre.

② Neue Startfiguren: Stelle den Spiegel so hin, dass diese Bilder entstehen. Geht es immer?

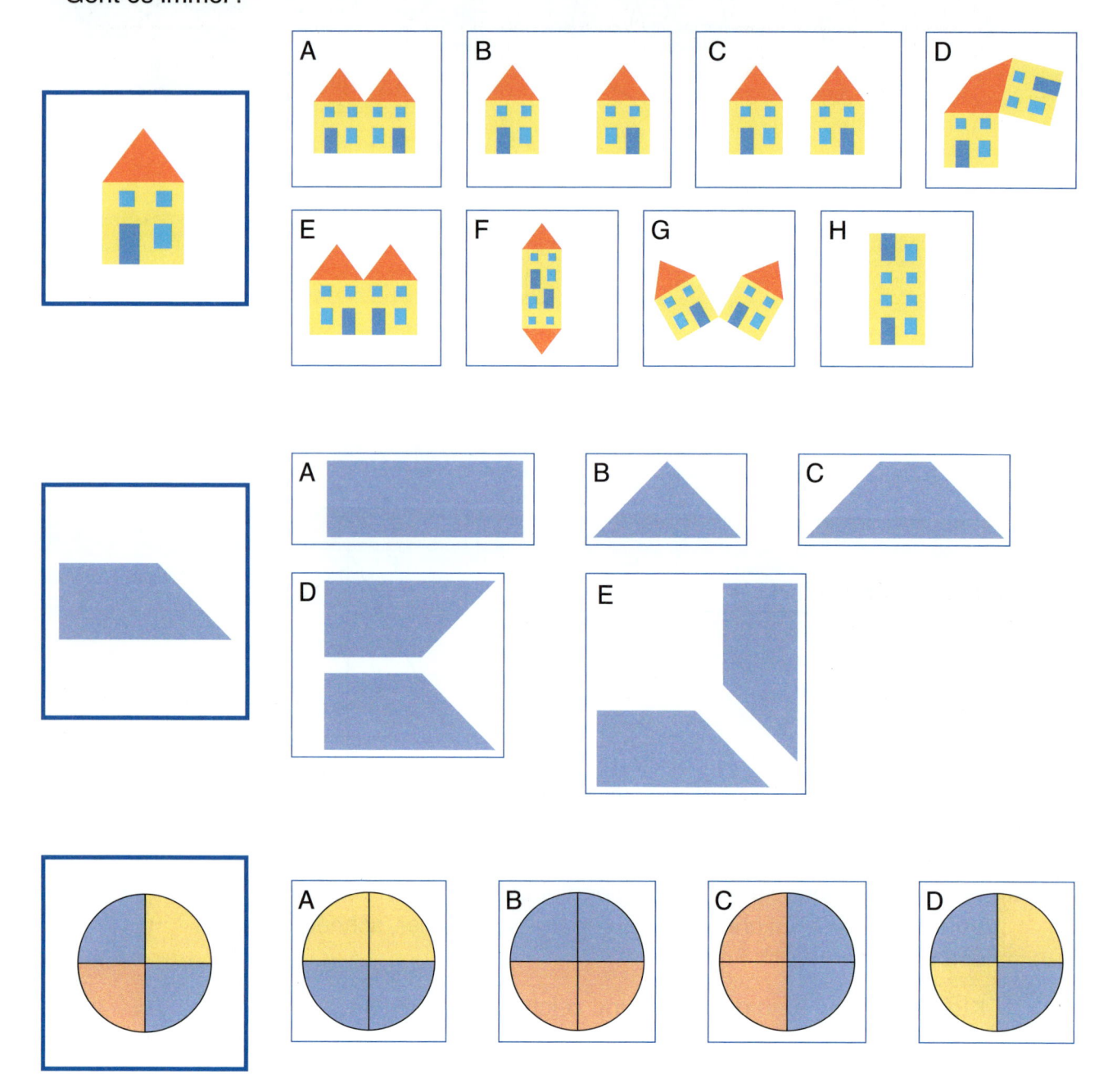

76

Symmetrisch ergänzen

AH S.55

3) a) Zeichne die Figuren. Spiegle sie an der Spiegelachse.
Überprüfe mit dem Spiegel.

Zuerst male ich Punkte, dann ist es einfacher.

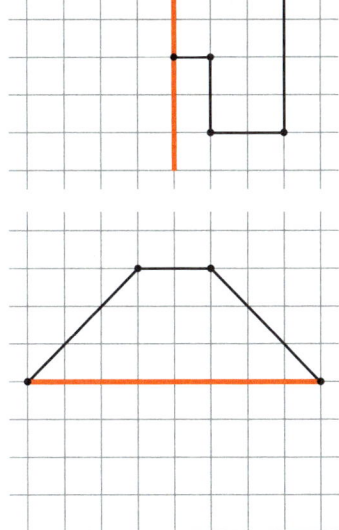

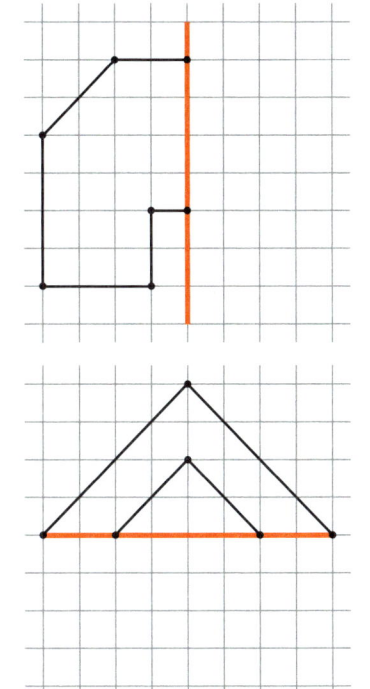

b) Was ist hier anders? Erkläre.

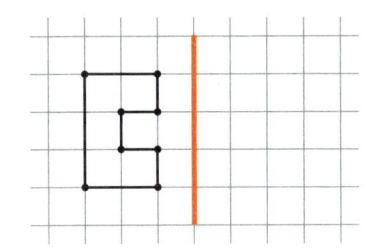

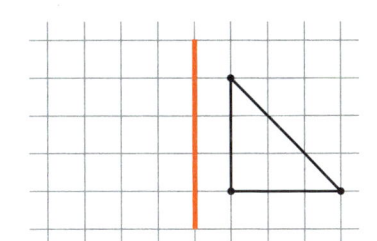

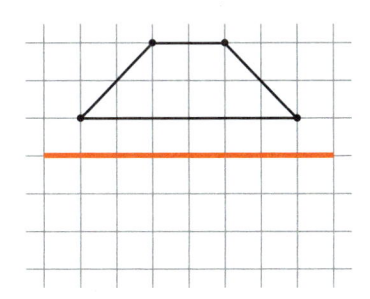

c) Denke dir eigene Figuren aus und spiegle sie.

4) Figuren mit Spiegelachse:
Was ist hier falsch? Begründe. Zeichne richtig.

… deckungsgleich …

… der Abstand zur Spiegelachse …

… genauso lang …

?

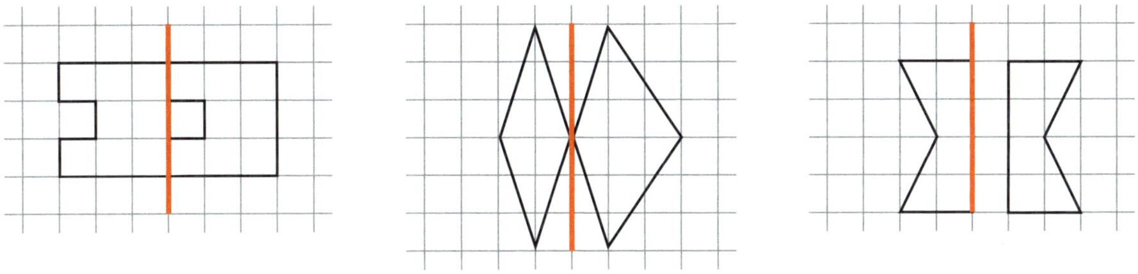

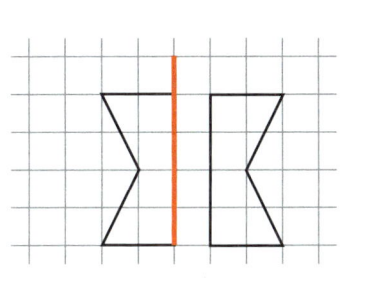

Grundwissen ③

1 Schreibe die passende Aufgabe auf. Rechne.

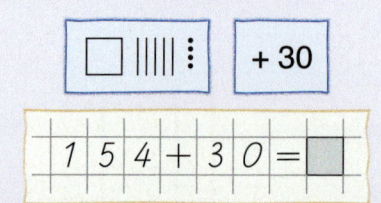

$154 + 30 = \square$

a) ☐☐☐ .... + 5
☐☐☐☐☐ || · + 30
☐☐☐☐ |||| + 400

b) ☐☐☐☐☐☐ ||| · − 300
☐☐☐☐ | ·· − 2
☐☐☐☐☐ |||| · − 30

2 Überlege: Welche Stellen ändern sich? Rechne.

a) 400 − 200
450 − 200
450 − 210
458 − 210
458 − 215

b) 300 + 500
340 + 500
340 + 530
346 + 530
346 + 532

c) 736 − 310
736 − 315

d) 241 + 550
241 + 557

e) 682 − 130
682 − 133

f) 528 + 230
528 + 233

3 Ergänze. Vergleiche jeweils die beiden Häuser. Was fällt dir auf?

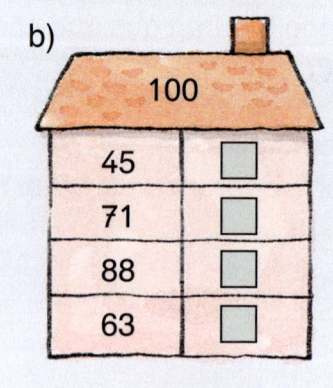

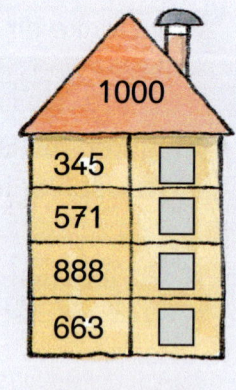

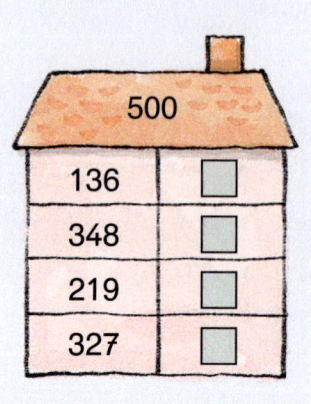

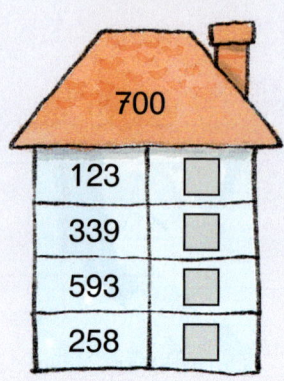

a) 100: 30, 76, 69, 85 — 1000: 830, 476, 769, 385

b) 100: 45, 71, 88, 63 — 1000: 345, 571, 888, 663

c) 100: 36, 48, 19, 27 — 500: 136, 348, 219, 327

d) 100: 23, 39, 93, 58 — 700: 123, 339, 593, 258

4 Plusaufgaben bis 1000

a) Schau dir die verschiedenen Rechenwege auf S. 54 noch einmal an.

358 + 467

Schreibe auf oder zeichne in dein 📖, wie du rechnest.
Erkläre deinen Rechenweg.

b) Rechne auf deinem Weg.

629 + 56	275 + 416
375 + 18	568 + 223
466 + 15	705 + 298
328 + 36	438 + 555

5 Minusaufgaben bis 1000

a) Schau dir die verschiedenen Rechenwege auf S. 56 noch einmal an.

725 − 267

Schreibe auf oder zeichne in dein 📖, wie du rechnest.
Erkläre deinen Rechenweg.

b) Rechne auf deinem Weg.

874 − 55	494 − 366
986 − 68	564 − 242
544 − 17	791 − 398
868 − 29	642 − 224

6 Bilde Aufgaben und rechne.

744	812		46	88		790	399
		+					
466	537		11	67	=	420	900
		−					
585	399		28	83		509	502

Schriftlich addieren

265 + 124

H	Z	E
2	6	5
+1	2	4
3	8	9

5 E + 4 E = 9 E
6 Z + 2 Z = 8 Z
2 H + 1 H = 3 H

265 + 126

H	Z	E
2	6	5
+1	2	6

5 Einer + 6 Einer?

① Lege beide Aufgaben nach. Erkläre.
Was kann Simsala tun, um ihre Aufgabe zu lösen?

② Simsala rechnet so:

H	Z	E
2	6	5
+1	2	6
	1	
3	9	1

5 E + 6 E = 11 E,   1 E an
                    1 Z gemerkt

6 Z + 3 Z = 9 Z,   9 Z an

2 H + 1 H = 3 H,   Ergebnis 391

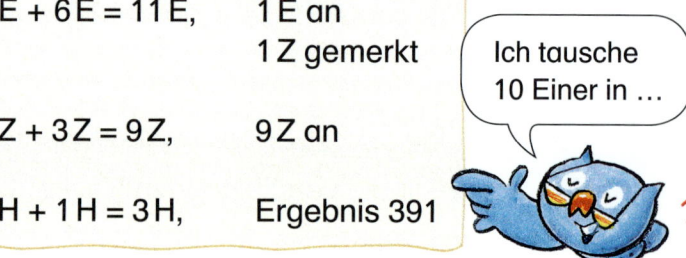

Ich tausche 10 Einer in …

Warum beginnt Simsala mit den Einern?

③ Rechne und sprich wie Simsala und Bim.

a) 529   467   239   183   346   628   204
   +234   +122   +656   +706   +412   +159   +615

589, 758, 763, 787, 819, 889, 895

b) 634   567   279   153   306   428   208
   +237   +124   +616   +401   +513   +109   +613

537, 554, 691, 819, 821, 871, 895

④ Was ist bei dieser Aufgabe anders? Erkläre.

H	Z	E
2	6	5
+1	5	4
	1	

5 E + 4 E = 9 E,   9 E an

6 Z + 5 Z = 11 Z,   1 Z an
                    1 H gemerkt

2 H + 2 H = 4 H,   Ergebnis 419

Ich tausche 10 Zehner in …

5 Aufgepasst! Nicht immer gibt es einen Hunderter-Übergang.

523	497	283	183	346	280	373
+ 291	+ 122	+ 656	+ 746	+ 422	+ 643	+ 262

619, 635, 768, 814, 923, 929, 939

6 Aufgaben mit zwei Übergängen:
Rechne und sprich so:

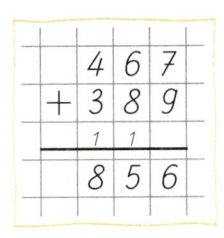

```
  4 6 7
+ 3 8 9
  1 1
  8 5 6
```

7 + 9 = 16,   6 an
              1 gemerkt

6 + 9 = 15,   5 an
              1 gemerkt

4 + 4 = 8,   8 an

574	312	646
+ 253	+ 457	+ 125

465	738	287
+ 387	+ 46	+ 594

7 a) Schreibe stellengerecht untereinander und rechne schriftlich.

kein Übertrag	H gemerkt	Z gemerkt	Z und H gemerkt
262 + 107	466 + 152	312 + 79	264 + 177
543 + 353	82 + 264	628 + 354	668 + 54
180 + 316	281 + 435	268 + 314	268 + 354

b) Ordne die Aufgaben dem grünen, roten, blauen oder gelben Zettel von a) zu.

367	619	463	374	754	289	418	364
+ 237	+ 248	+ 164	+ 423	+ 184	+ 667	+ 346	+ 572

604, 627, 764, 797, 867, 936, 938, 956

308	186	562	203	143	679	408	375
+ 234	+ 297	+ 218	+ 654	+ 712	+ 154	+ 591	+ 271

483, 542, 646, 780, 833, 855, 857, 999

c) Bilde weitere Aufgaben für den grünen, roten, blauen oder gelben Zettel.

Vorsicht Fehler! ⊕

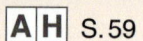

1 a) Aufgepasst bei der Null!

56	308	269	197	409
+ 452	+ 103	+ 251	+ 608	+ 607

b) Aufgepasst beim Übertrag!

Was bedeutet 2 gemerkt?

357	189	291	57	703
86	234	291	607	74
+ 489	+ 7	+ 291	+ 9	+ 82
2				
2				

2 a) Fehler unter der Lupe: Rechne richtig.

A 860 + 73 = 833

B 673 + 284 = 947 (1 gemerkt)

C 356 + 57 = 926 (1 gemerkt)

b) Welcher Tipp passt zu den Fehlern in a)?

- ⊕ Rechnen bis 20 üben!
- Stellengerecht untereinanderschreiben!
- Aufgepasst beim Übertrag!

3 Rechne richtig.

354	237	142	126	592	269	480
209	296	326	27	186	328	203
+ 272	+ 41	+ 208	+ 236	+ 59	+ 47	+ 245
	1 1	1	1 1	2 1	1 1	
725	943	675	632	727	1067	828

4 Klecksaufgaben: Wie heißen die passenden Ziffern?

2 4 5	2 4 ▢	5 ▢ 8	5 9 ▢	4 ▢ 6
+ ▢ ▢ 6	+ 1 ▢ 7	+ 2 7 ▢	+ 6 ▢ 7	+ ▢ 9 ▢
8 3 1	3 7 0	8 1 5	9 0 6	8 0 3

Übung macht den Meister ⊕

AH S.60

5 Addieren mit Köpfchen

Schriftlich oder im Kopf?

345	56	276	421	221	186	205
27	642	139	44	309	215	248
108	377	95	119	77	462	36

a) Addiere zwei Zahlen, deren Summe kleiner als 600 ist. Finde fünf Aufgaben. Ein Überschlag hilft dir.

b) Addiere zwei Zahlen, deren Summe zwischen 500 und 600 liegt. Finde mehrere Aufgaben.

c) Addiere drei Zahlen, deren Summe kleiner als 700 ist. Finde fünf Aufgaben. Schreibe in dein 📖. Erkläre wie du vorgegangen bist.

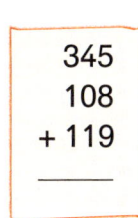

```
  186
+ 248
-----
```

```
345 + 108
```

```
  345
  108
+ 119
-----
```

6 Addieren mit Ziffernkarten

| 0 | 1 | 2 | 3 | 4 | 5 | 6 | 7 | 8 | 9 |

a) Bilde aus den Ziffernkarten jeweils zwei dreistellige Zahlen. Addiere sie.

```
  2 4 1
+ 3 5 6
```

```
  1 0 7
+ 4 5 9
```

```
  9 8 7
+ 6 5 4
```

b) Wie erhältst du die kleinste Summe? Wie die größte? Erkläre.

⭐ c) Bilde Aufgaben mit zwei dreistelligen Zahlen. Die Summe soll 1000, 777 oder 999 sein. Vergleicht eure Ergebnisse.

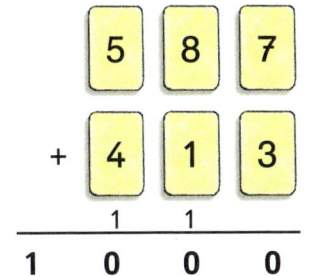

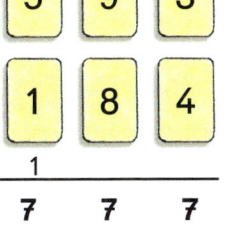

```
   5 8 7
+  4 1 3
   1 1
-------
  1 0 0 0
```

```
  5 9 3
+ 1 8 4
    1
-------
  7 7 7
```

```
  8 9 6
+ 1 0 3
-------
  9 9 9
```

d) Würfelspiel für 2: Wer erreicht die größte Summe?

Würfelt. Entscheidet nach jedem Wurf, an welche Stelle euer Würfelergebnis soll.

```
   6 □ □
+  □ 3 □
-------
  □ □ □ □
```

Von Gewichten und vom Wiegen

Handwaage

① Vergleiche mit deinen Händen: schwerer, leichter, gleich schwer?

Bei welchen Dingen klappt das gut?
Begründe.

② Baut eine Kleiderbügelwaage.
Wiegt eure Dinge.
Was ist am schwersten/leichtesten?
Ordnet.

③ Überprüft jetzt, ob ihr Recht habt. Wiegt eure Dinge mit verschiedenen Waagen.

Welche Waagen sind geeignet?

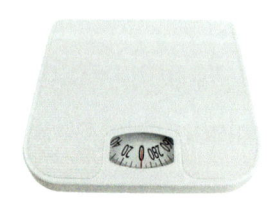

Ordnet nach dem Gewicht.

Das **Gewicht** misst man in **Kilogramm (kg)** und **Gramm (g)**.	
ein Kilogramm	1 kg = 1000 g
ein halbes Kilogramm	$\frac{1}{2}$ kg = 500 g
ein viertel Kilogramm	$\frac{1}{4}$ kg = 250 g

AH S.61

④ Vergleichsgewichte helfen, um das Gewicht eines Gegenstands einzuschätzen.

| 1 kg = 1000 g | 500 g | 250 g | 100 g | 50 g | 10 g | 2 g |

a) Spielt „Gewichte schätzen".

Wie schwer ist es?

Es könnten 250 g sein, so schwer wie die Butter.

b) Immer 1 Kilogramm:

	Gewicht	Anzahl für 1 kg
Mehl	1 k g	1 Packung
Butter	2 5 0 g	Packungen
...		

Meine 1 kg Seite:

Meine 500 g Seite:

c) Welche Dinge wiegen noch genau 1 kg, 500 g, 100 g, …?
Gestalte Seiten in deinem 📖.

⑤ Wie viele Obststücke brauchst du jeweils für ungefähr 1 Kilogramm?
Schätzt und überprüft durch Wiegen.

a) 180 g   b) 160 g   c) 240 g   d) 110 g   e) 150 g   f) ?

Vergleicht eure Ergebnisse.

⑥ Wie viel Banane ist in einer Banane?

	Banane	Apfel	Orange	...
Fruchtfleisch				
Kernhaus, Schale …	48 g	46 g	54 g	
Gesamtgewicht	163 g	198 g	215 g	

85

Schulranzen-TÜV

Meine Schultasche ist so schwer!

Meine ist viel leichter!

① Warum sollte eine Schultasche nicht zu schwer sein? Begründe.

② Wie schwer ist deine Schultasche?
   a) Wiege sie. Schreibe das Gewicht auf.
   b) Vergleicht in der Klasse. Ordnet nach dem Gewicht.
   c) Wie groß ist der Unterschied zwischen der schwersten und der leichtesten Tasche?

③ Untersucht die schwerste Schultasche aus eurer Gruppe:
   a) Wiegt die leere Tasche, die einzelnen Bücher, Hefte, … Schreibt die Ergebnisse auf.
   b) Was ist besonders schwer/besonders leicht?
   c) Packt nur die notwendigsten Dinge wieder ein. Wie viel Gewicht könnt ihr einsparen?

Schultasche		g
Federmäppchen		g
…		

④ Überprüfe deine Tasche. Was kannst du herausnehmen, damit sie leichter wird? Begründe.

Die Hausaufgabe ist zu schwer.

Hast du alles für die Hausaufgabe eingepackt?

AH S. 62

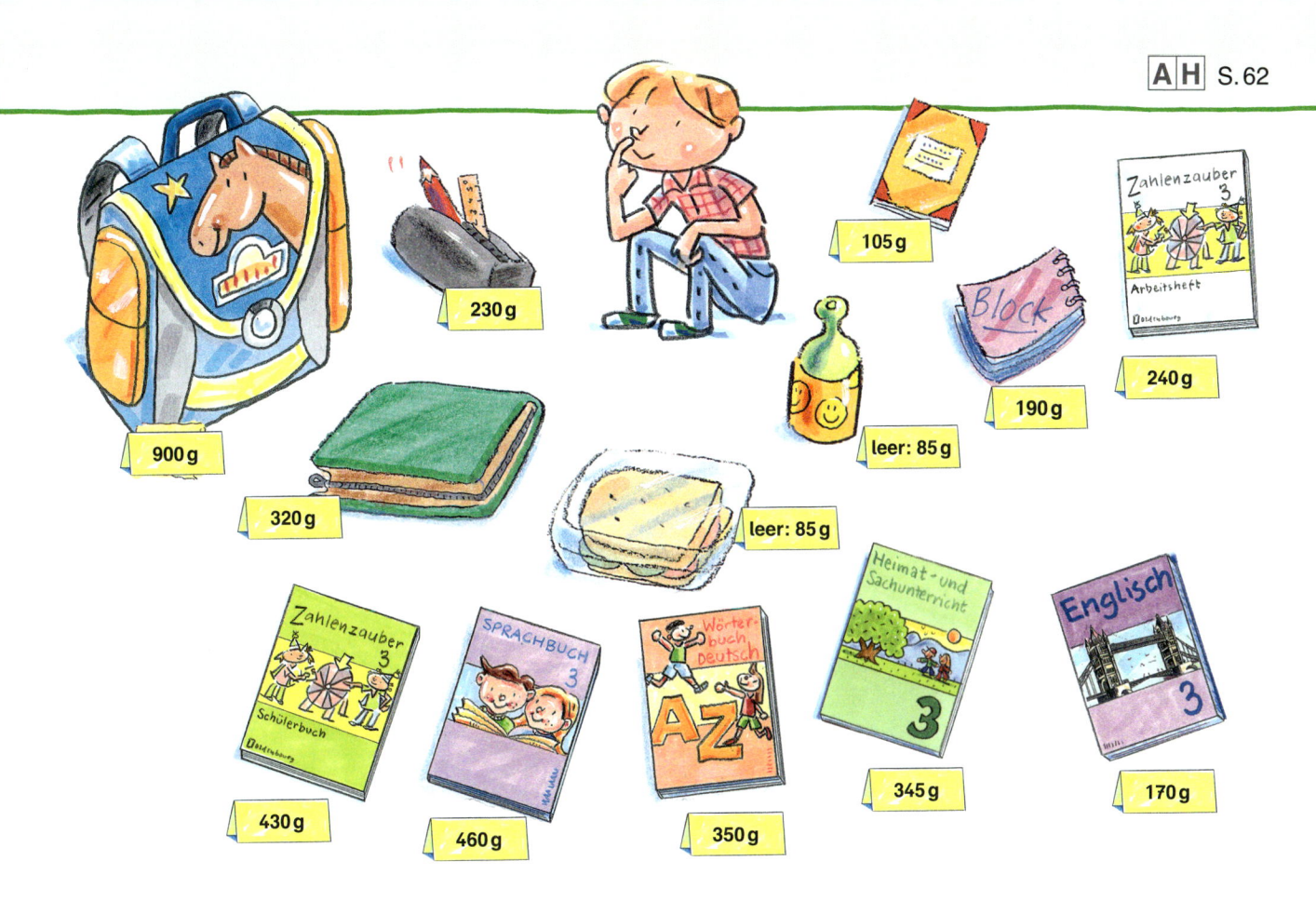

900 g · 230 g · 105 g · 240 g · 190 g · leer: 85 g · 320 g · leer: 85 g · 430 g · 460 g · 350 g · 345 g · 170 g

⑤ Leon hat seine Schultasche überprüft.

a) Wie viel wiegen seine Bücher, das Federmäppchen und das Schlampermäppchen, die übrigen Dinge? Schreibe auf.

b) Rechne das Gesamtgewicht der Schultasche mit Inhalt aus.

| Zahlenzauber 3: | 4 | 3 | 0 | g |

Sprachbuch 3: …

…

⑥ Leon packt nach der Schule nur das Zahlenzauber Arbeitsheft, das Sprachbuch, das Wörterbuch, das Federmäppchen, die leere Flasche und die leere Brotzeitdose ein.

a) Wie viel wiegt Leons Tasche jetzt?

b) Am nächsten Morgen ist die Schultasche um 385 g schwerer. Warum? Begründe.

⑦ Überlegt euch selbst Sachaufgaben zum Thema „Schultasche".

⑧ Kann das sein? Überlegt, schätzt und rechnet. Vergleicht eure Vorgehensweisen.

Schultasche	Gewicht
1	2 kg
2	4 kg
3	
4	
5	
10	
…	

Die Schultaschen unserer Klasse wiegen zusammen so viel wie ein Gorilla.

Manche Informationen fehlen noch.

In einem Schuljahr esse ich in der Pause so viel wie ich selbst wiege.

An unserer Schule gibt es 1000 Stifte.

Alle Stifte unserer Schule wiegen so viel wie ein Bernhardiner.

Schriftlich subtrahieren

① Versuche, schriftlich minus zu rechnen.

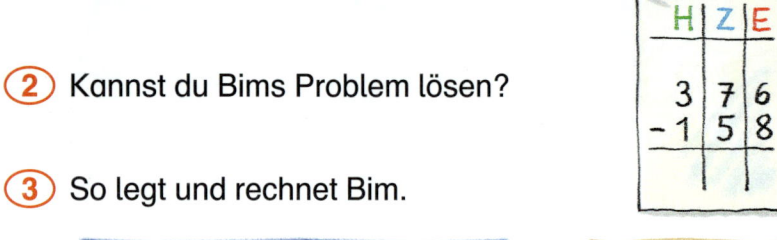

$$\begin{array}{r} 936 \\ -514 \\ \hline \end{array}$$
$$\begin{array}{r} 865 \\ -320 \\ \hline \end{array}$$
$$\begin{array}{r} 754 \\ -342 \\ \hline \end{array}$$
$$\begin{array}{r} 574 \\ -261 \\ \hline \end{array}$$

H Z E
3 7 6
−1 4 5

Von den 6 Einern nehme ich 5 weg.

② Kannst du Bims Problem lösen?

H Z E
3 7 6
−1 5 8

6 Einer minus 8 Einer?

③ So legt und rechnet Bim.

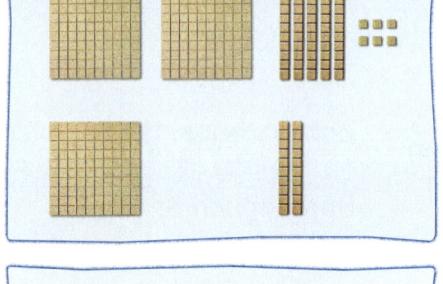

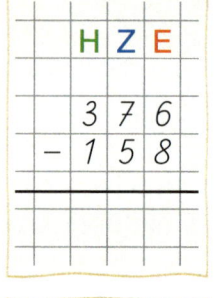

H Z E
3 7 6
−1 5 8

6 Einer minus 8 Einer geht nicht.

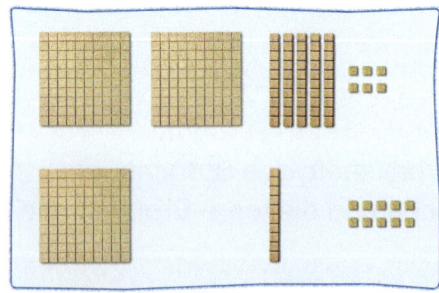

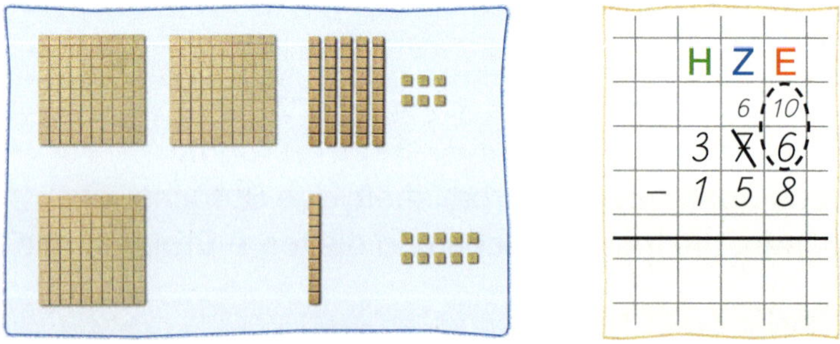

H Z E
   6 10
3 7̸ 6
−1 5 8

Ich wechsle einen Zehner in 10 Einer. 6 Zehner bleiben übrig. Jetzt habe ich 16 Einer.

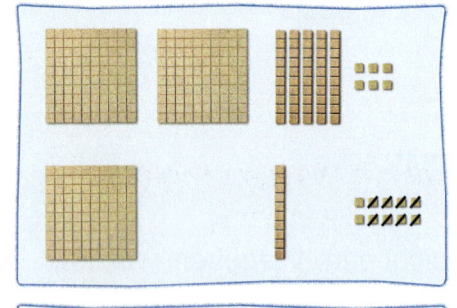

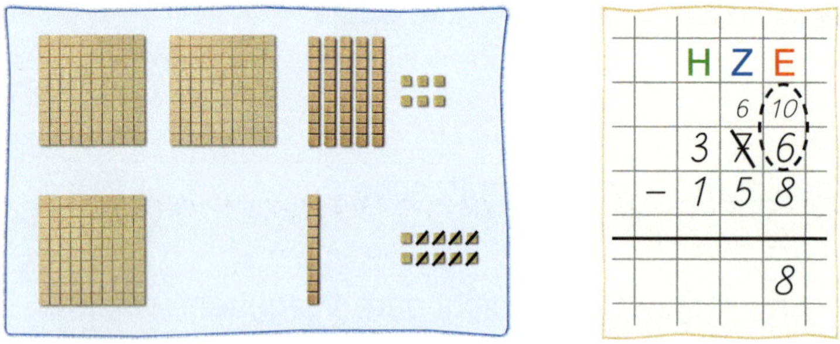

H Z E
   6 10
3 7̸ 6
−1 5 8
      8

16 Einer minus 8 Einer gleich 8 Einer, 8 an.

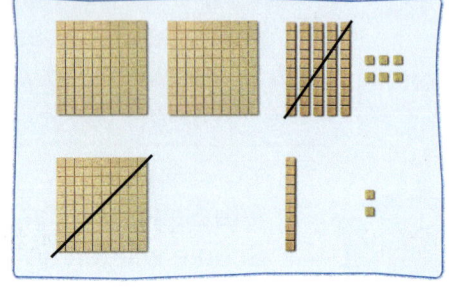

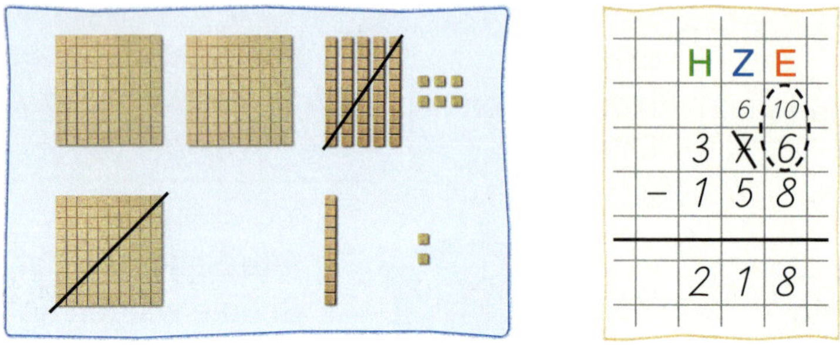

H Z E
   6 10
3 7̸ 6
−1 5 8
  2 1 8

6 Zehner minus 5 Zehner gleich 1 Zehner, 1 an.

3 Hunderter minus 1 Hunderter gleich 2 Hunderter, 2 an.

Erkläre, wie Bim rechnet. Woher kommen die 16 Einer?

④ Lege, rechne und sprich wie in ③.

652	784	865	544	357	482
− 335	− 357	− 528	− 219	− 238	− 346

⑤ Subtrahiere schriftlich. Überlege vorher, ob du wechseln musst oder nicht.

a) 465   693   934   568   351   743
   − 234   − 547   − 516   − 242   − 127   − 316

146, 224, 231, 326, 418, 427

b) 634   567   689   851   833   428
   − 217   − 124   − 316   − 432   − 516   − 119

309, 317, 373, 417, 419, 443

⑥ Subtrahiere schriftlich. Wo musst du jetzt wechseln?

   529   467   839   973   446   628
  − 264   − 172   − 656   − 781   − 372   − 154

74, 183, 192, 265, 295, 474

⑦ Zehner und Hunderter wechseln

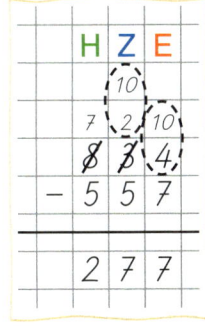

H	Z	E
	10	
7	2	10
8	3	4
− 5	5	7
2	7	7

4 − 7 geht nicht. Ein Zehner weniger.

2 − 5 geht nicht. Ein Hunderter weniger.

   673   456   928   714
  − 286   − 267   − 169   − 436

⑧ a) Schreibe stellengerecht untereinander und berechne die Differenz schriftlich.

	4	6	2
−	1	2	7
	3	3	5

462 − 127   466 − 152   742 − 379
543 − 324   657 − 234   614 − 55
487 − 18   886 − 35   468 − 179

b) Ordne den Aufgaben aus a) die passenden Zettel zu.

kein Übergang   Z-Übergang   H-Übergang   Z- und H-Übergang

c) Bilde selbst Aufgaben, die zu den verschiedenen Punkten passen.

Subtrahieren mit Nullen

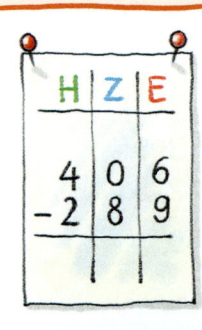

①
```
H Z E
4 0 6
-2 8 9
```

Kannst du Simsalas Problem lösen?

② So legt und rechnet Simsala.

```
H Z E
4 0 6
-2 8 9
```
6 – 9 geht nicht.
0 Zehner kann ich nicht wechseln.

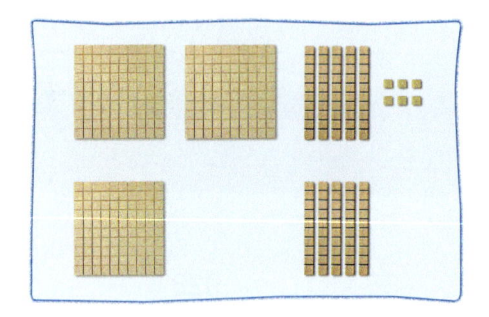

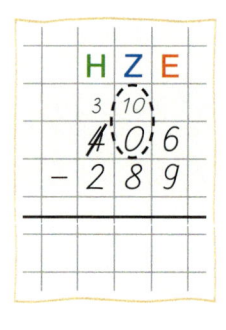

```
H  Z  E
3 10
4̸ 0  6
-2 8  9
```
Ich wechsle einen Hunderter in 10 Zehner.
3 Hunderter bleiben übrig.
6 – 9 geht immer noch nicht.

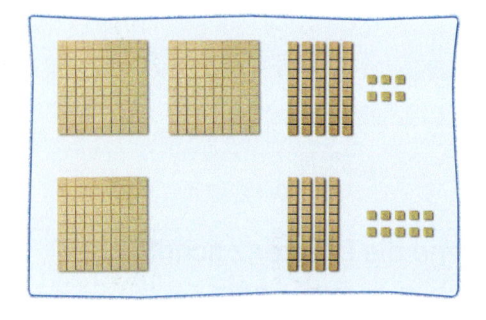

```
H  Z  E
   9
3 10 10
4̸ 0  6
-2 8  9
```
Ich wechsle einen Zehner in 10 Einer. 9 Zehner bleiben übrig. Jetzt habe ich 16 Einer.

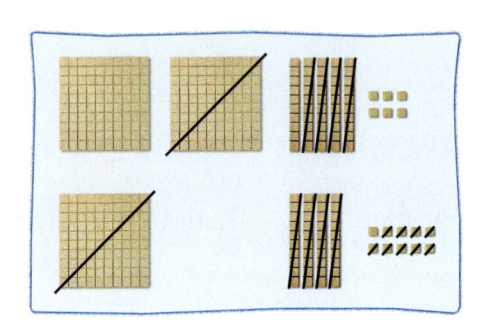

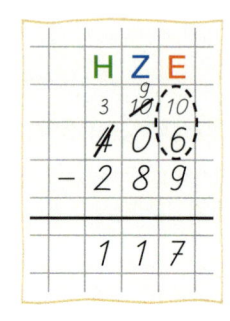

```
H  Z  E
   9
3 10 10
4̸ 0  6
-2 8  9
─────────
   1  1  7
```
16 – 9 = 7, 7 an
9 – 8 = 1, 1 an
3 – 2 = 1, 1 an

90

3 Lege, rechne und sprich wie in ②.

702	804	607	505	307	408
− 384	− 567	− 239	− 176	− 289	− 349

4 Subtrahiere schriftlich.

a)
301	603	403	801	904	506	702
− 189	− 267	− 255	− 132	− 609	− 389	− 567

112, 117, 135, 148, 295, 336, 669

b)
704	506	603	907	502	804	406
− 246	− 158	− 447	− 529	− 273	− 337	− 189

156, 217, 229, 348, 378, 458, 467

5 Schreibe stellengerecht untereinander und subtrahiere.

405 − 258   706 − 37   701 − 53   806 − 437
501 − 44   803 − 167   903 − 454   303 − 67

147, 236, 369, 449, 457, 636, 648, 669

6 Ordne die Aufgaben zu und subtrahiere.

kein Übergang	Z- und H-Übergang	H-Übergang	Z-Übergang

a)
778	825	473	836	900	509	700	450
− 407	− 208	− 205	− 104	− 619	− 327	− 165	− 234

182, 216, 268, 281, 371, 535, 617, 732

b)
516	805	503	808	903	508	708	482
− 270	− 208	− 375	− 405	− 609	− 327	− 106	− 204

128, 181, 246, 278, 294, 403, 597, 602

7 Schriftlich oder im Kopf?

a) 900 − 84   700 − 161   b) 800 − 250   630 − 330
    600 − 208   400 − 363   1000 − 620   950 − 450
    1000 − 62   500 − 251   400 − 376   738 − 606

37, 249, 392, 539, 816, 938   24, 132, 300, 380, 500, 550

Schriftlich subtrahieren – so geht es auch

1 Eine Differenz kann man auch durch Ergänzen berechnen. Wie groß ist der Unterschied?

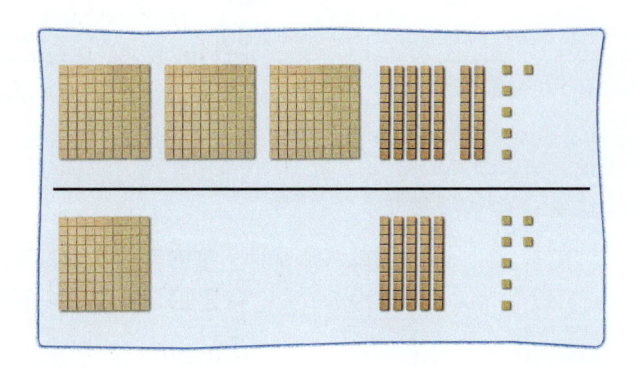

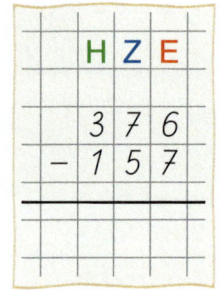

	H	Z	E
	3	7	6
−	1	5	7

7 E + ☐ E = 6 E? Das geht nicht.

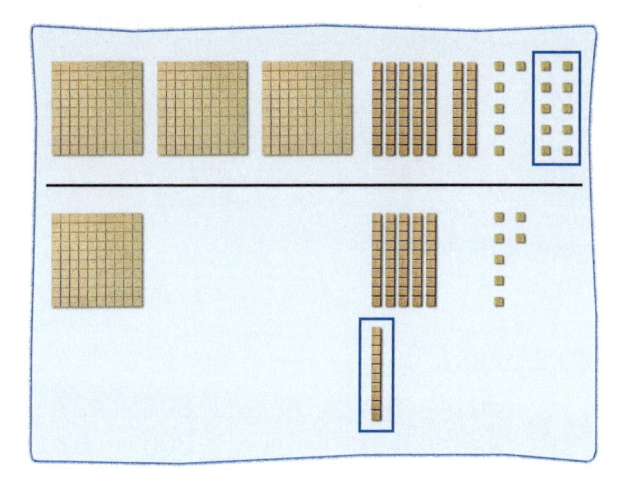

	H	Z	E
			10
	3	7	6
−	1	5	7
		1	

Wenn ich die erste Zahl um 10 E und die zweite Zahl um 1 Z vergrößere, ändert sich der Unterschied nicht.

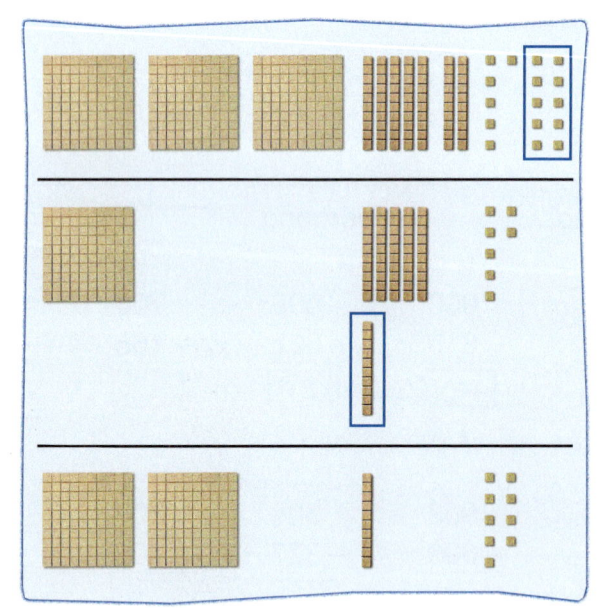

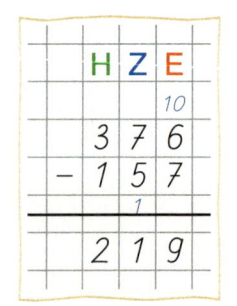

	H	Z	E
			10
	3	7	6
−	1	5	7
		1	
	2	1	9

Jetzt kann ich ergänzen:
7 E + 9 E = 16 E
6 Z + ☐ Z = …

2 Lege, rechne und sprich wie in **1**.

562	694	964	744	457	882
−335	−357	−528	−219	−238	−346
☐	☐	☐	☐	☐	☐

219, 227, 337, 436, 525, 536

92

③ Wie groß ist der Unterschied? Was ist hier neu? Erkläre.

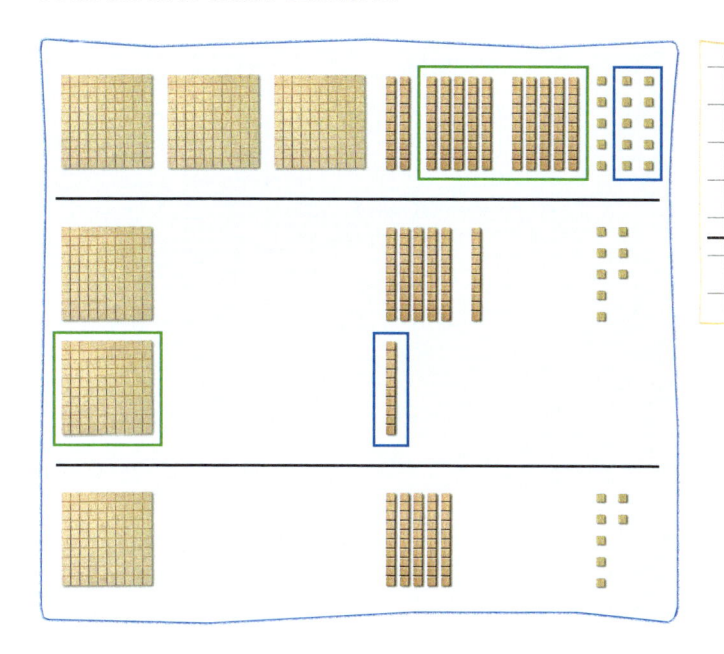

H	Z	E
	10	10
3	2	5
− 1	6	8
1	1	
1	5	7

8 E + ☐ E = 5 E?
Das geht nicht.
Ich ergänze oben 10 E und unten 1 Z.
8 E + **7** E = 15 E, 7 an.

7 Z + ☐ Z = 2 Z?
Das geht nicht.
Ich ergänze …

④ Zeichne und rechne wie in ③.

a) 623 − 431   555 − 417   754 − 667   821 − 374   791 − 526   584 − 393

b) 879 − 284   623 − 344   583 − 476   989 − 795   453 − 264   836 − 257

87, 107, 138, 189, 191, 192, 194, 265, 279, 447, 579, 595

⑤ Aufgaben mit Nullen

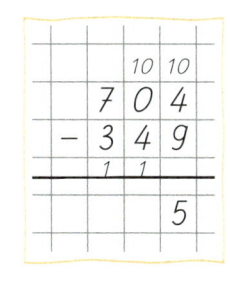

	10	10
7	0	4
− 3	4	9
1	1	
		5

a) 704 − 349   907 − 263   730 − 518   608 − 379   460 − 277

183, 212, 229, 355, 644

b) 830 − 245   306 − 109   870 − 585   580 − 392   901 − 673

188, 197, 228, 285, 585

⑥ Schriftlich oder im Kopf?

a) 800 − 76   600 − 152   b) 400 − 170   520 − 220
    500 − 304   960 − 874   1000 − 540   960 − 387
    1000 − 63   700 − 356   600 − 582   849 − 702

86, 196, 344, 448, 724, 937   18, 147, 230, 300, 460, 573

Vorsicht Fehler! ⊖

1 Berichtige die Fehler in den Lupen. Rechne die weiteren Aufgaben.

Lupe:
```
  526
- 338
  212
```

a) 564 − 247   743 − 245   661 − 74   614 − 25   303 − 187

116, 317, 498, 587, 589

Lupe:
```
  526
- 338
  298
```

b) 821 − 788   506 − 207   853 − 459   703 − 94   951 − 67

33, 299, 394, 609, 884

Lupe:
```
  526
- 338
  199
```

c) 757 − 88   505 − 285   972 − 89   630 − 124   900 − 467

220, 433, 506, 669, 883

2 Welcher Tipp passt zu den Fehlern in den Lupen?

- Aufgaben bis 20 üben!
- Aufgepasst beim Übergang!
- Rechenrichtung beachten!

3 Berichtige die Fehler.

572	724	843	603	874	741	546
−246	−268	− 76	−485	−399	−173	−390
334	566	83	128	476	914	150

4 Subtrahiere. Überprüfe mit der Umkehraufgabe.

a)
```
  657        279
- 378      + 378
  279        657
```
711 − 89   635 − 247   725 − 446   846 − 257

b) 603 − 288   406 − 179   904 − 647   502 − 376   803 − 564   701 − 454

Übung macht den Meister ⊖

AH S. 65/66

5 Besondere Zahlen. Rechne die Aufgabenreihen.

a) 989   878   767   656
   −898   −787   −676   −565

b) 979   868   757   646
   −797   −686   −575   −464

d) Vergleiche die Ergebnisse von a), b) und c). Was stellst du fest?

c) 969   858   747   636
   −696   −585   −474   −363

e) Wie heißen die nächsten Aufgabenreihen? …

6 Subtrahieren mit Ziffernkarten

| 0 | 1 | 2 | 3 | 4 | 5 | 6 | 7 | 8 | 9 |

a) Bilde aus den Ziffernkarten zwei dreistellige Zahlen. Subtrahiere.

  3 5 6   4 5 9   9 8 7
− 2 4 1   − 1 0 7   − 6 5 4

b) Wie erhältst du die kleinste Differenz? Wie die größte? Erkläre in deinem 📖.

c) Bilde Aufgaben mit zwei dreistelligen Zahlen. Wähle die Ziffernkarten so, dass die Differenz 222, 505 oder 123 ist.

d) Bilde weitere Aufgaben in deinem 📖.

7 Klecksaufgaben: Wie heißen die passenden Ziffern?

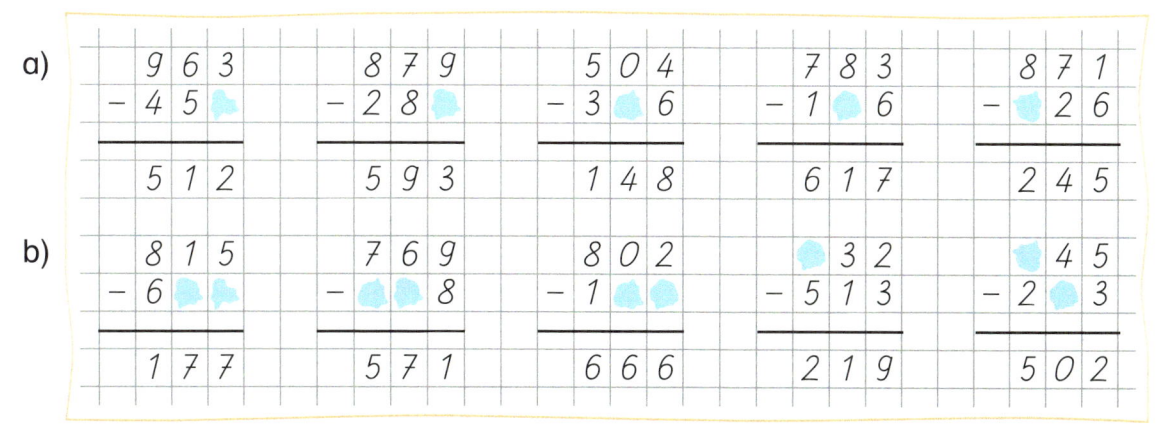

a)
```
  963     879     504     783     871
− 45■   − 28■   − 3■6   − 1■6   − ■26
  ───    ───    ───    ───    ───
  512     593     148     617     245
```

b)
```
  815     769     802     ■32     ■45
− 6■■   − ■■8   − 1■■   − 513   − 2■3
  ───    ───    ───    ───    ───
  177     571     666     219     502
```

c) Überprüfe deine Ergebnisse mit der Umkehraufgabe.

  728   409
 −319   +319
              1
  ───   ───
  409   728

95

Nun bin ich fit bei ⊕ und ⊖

1 Bilde möglichst viele Aufgaben.

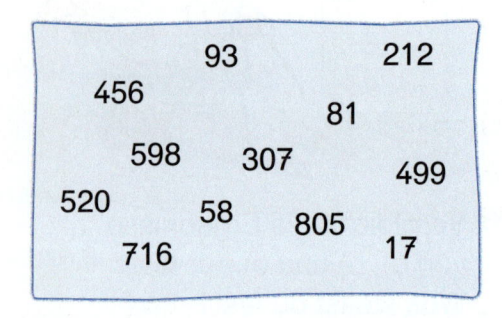

93   212
456
81
598   307
499
520
58   805
716   17

a) Addiere immer zwei Zahlen. Die Summe soll zwischen 600 und 800 liegen.

b) Subtrahiere immer zwei Zahlen. Die Differenz soll zwischen 100 und 300 liegen.

c) Wähle drei Zahlen so, dass ihre Summe möglichst genau 1000 ergibt. Überschlage und rechne dann genau.

d) Subtrahiere zwei Zahlen. Bilde die kleinste/die größte Differenz.

2 Aufgabenzüge

a) Wähle 3 Ziffern. Bilde die größte und die kleinste Zahl. Subtrahiere.
Nimm die Ziffern des Ergebnisses, bilde wieder die größte und die kleinste Zahl. Subtrahiere wieder …
Wenn ein Ergebnis wieder kommt, ist der Zug zu Ende.
Beginne einen neuen Zug.

Meine Ziffern: 4, 5, 8

854 − 458 = 396

963 − 369 = 594

954 − 459 = ___

b) Vergleiche deine Züge mit denen deines Partners.
Was ist gleich, was ist verschieden?

Mein Zug endet mit dem Ergebnis …

Mein Zug ist länger als deiner.

c) Sammelt in der Klasse eure Züge.
Ordnet sie nach der Länge.
Fällt euch etwas auf? Erklärt.

d) Gibt es auch einen Zug mit nur einem Waggon? Wie müsste er aussehen?
Versucht Züge in jeder Länge zu finden.
Warum gibt es nicht unendlich lange Züge? Erklärt.

Speisekarte

Vorspeisen
Nudelsuppe	3,50 €
Gemüsesuppe	3,50 €
Salat	3,90 €
Bruschetta	3,80 €

Hauptgerichte
Schnitzel mit Pommes	9,40 €
großer gemischter Salat	7,30 €
Gyros	8,30 €
Gemüselasagne	8,90 €
Spagetti Bolognese	5,90 €

Nachspeisen
Tiramisu	4,80 €
gemischtes Eis	3,20 €
Obstsalat	3,90 €
Apfelstrudel mit Soße	4,50 €
Joghurt mit Honig	2,90 €

Getränke
Wasser 0,5 l	2,50 €
Wasser 1 l	4,00 €
Orangensaft 0,3 l	2,90 €
Limo 0,3 l	2,60 €
Saftschorle 0,5 l	4,50 €

Guten Appetit!

a) Bestelle ein Menü mit Vorspeise, Hauptgericht, Nachspeise und Getränk.
Was kostet dein Menü? Schreibe so auf:

Vorspeise:	Nudelsuppe	3,50 €
Hauptgericht:	Gyros	8,30 €
Nachspeise:	Eis	3,20 €
Getränk:	Limo	+ 2,60 €
		17,60 €

Die Kommas stehen genau untereinander.

b) Was kostet das billigste Menü, was kostet das teuerste?

c) Du gehst mit deiner Familie zum Essen.
Schreibe eure Bestellung auf und berechne den Gesamtpreis.

d) Familie Müller geht zum Essen. Sie möchte nicht mehr als 50 € ausgeben. Stelle ein Menü zusammen. Vergleiche deine Lösung mit deinem Partner.

e) Findest du ein Menü für genau 20 €?
Vergleiche deine Lösung mit deinem Partner

Rechte Winkel ...

1 Verschiedene Figuren

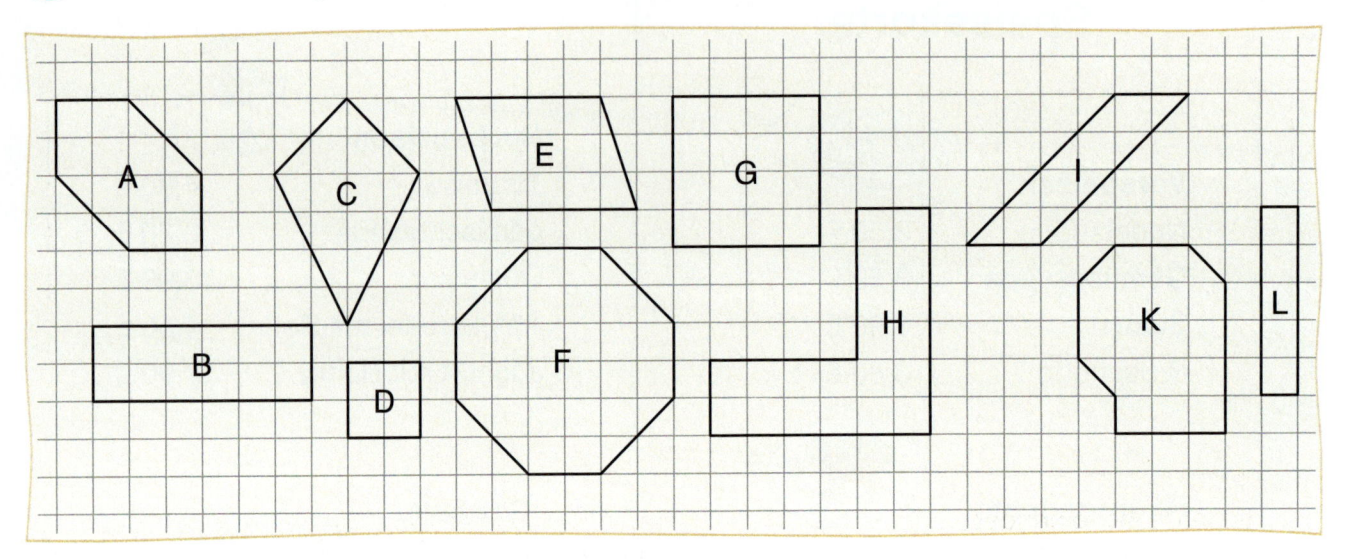

a) Wie kannst du die Figuren sortieren? Erkläre.

b) Welche Figuren sind | Vierecke |, | Sechsecke |, | Achtecke |?

Schreibe auf: Vierecke: B, ...

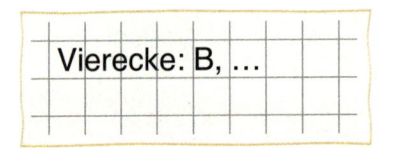

2 Zeichne alle Vierecke von **1** in dein 📖.

Diese besondere Ecke heißt rechter Winkel.

3 So kannst du einen Eckenmesser herstellen und Ecken untersuchen:

a) Suche in den Vierecken von **2** alle rechten Winkel.

Markiere sie so:

b) Zeichne nun die Sechsecke und Achtecke von **1**.
Markiere die rechten Winkel.

… und parallele Linien

A H S. 68

④ Betrachte die Linien auf den drei Bildern. Beschreibe.

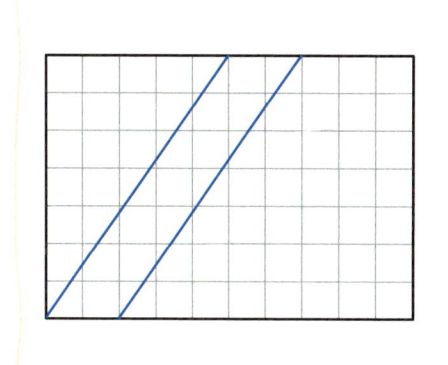

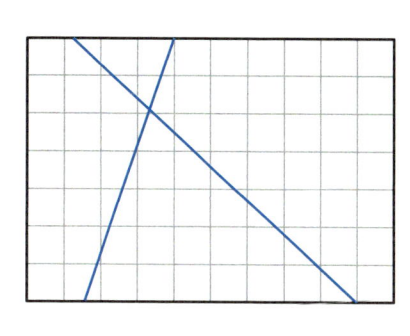

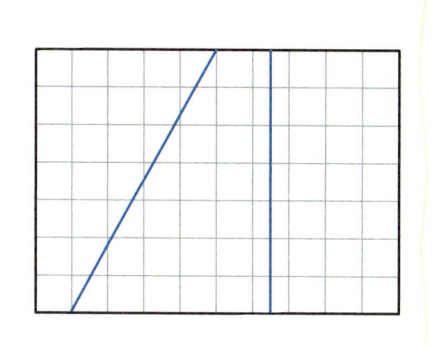

… liegen nebeneinander …

… gleicher Abstand …

… Linien kreuzen sich …

… treffen sich …

?

⑤ **Parallele Linien kreuzen sich nie, auch wenn ich sie verlängere.**

a) Zeichne parallele und nicht parallele Linien auf Karopapier. Erkläre, wie dir die Karos helfen können.

b) Betrachte die Figuren von ①.
Welche haben parallele Seiten? Zeichne sie.
Markiere parallele Seiten mit gleicher Farbe.

Wenn ich die Kästchenlinien nachzeichne, …

Wenn eine Linie auf den Kästchenlinien liegt und eine nicht, dann …

⑥ **Manche Vierecke heißen Parallelogramm.
Ihre gegenüberliegenden Seiten sind jeweils parallel.**

a) Welche Figuren von ⑤ b) sind Parallelogramme?
Male alle Parallelogramme im 📙 orange aus.

b) Markiere in den Figuren rechte Winkel.

⑦ Zeichne selbst Parallelogramme mit und ohne rechte Winkel in dein 📙.

Geldscheine

Euroscheine sehen in allen europäischen Ländern gleich aus. Fenster, Türen und Tore zeigen, wie die Menschen zu verschiedenen Zeiten gebaut haben.

Jeder Euroschein hat über 10 Sicherheitsmerkmale. Dazu gehören das Wasserzeichen und der eingearbeitete Metallfaden.

① Was haben alle Scheine noch gemeinsam? Worin unterscheiden sie sich? Vergleiche.

② Wie viel Geld ist es?

a) b) c) d)

Lege selbst Geldbeträge. Dein Partner zählt.

③ Spielt mit dem Geldsack: Füllt einen Beutel mit eurem Spielgeld. Jeder Spieler darf dreimal ziehen. Jeder zählt seine Scheine zusammen.

   a) Der größte Betrag gewinnt.

   b) Der kleinste Betrag gewinnt.

   c) Wer am nächsten an 200 € ist, gewinnt.

   d) Überlegt euch weitere Spielregeln.

④ Lege mit möglichst wenigen Scheinen und schreibe so:

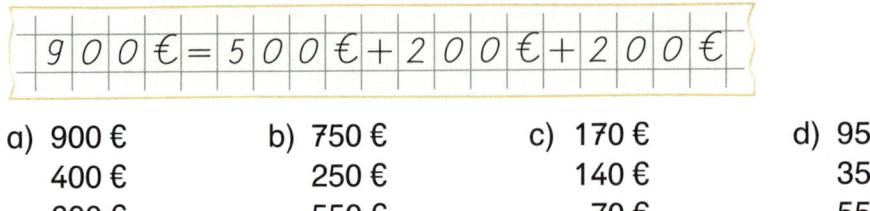

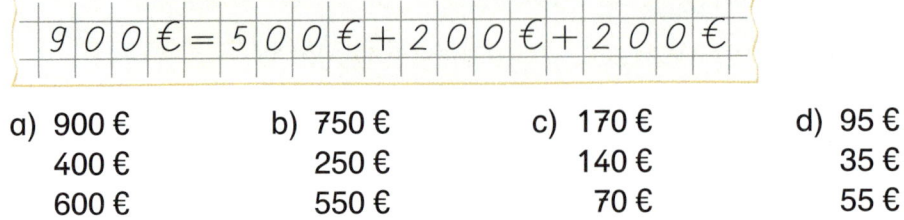

900 € = 500 € + 200 € + 200 €

a)	b)	c)	d)
900 €	750 €	170 €	95 €
400 €	250 €	140 €	35 €
600 €	550 €	70 €	55 €

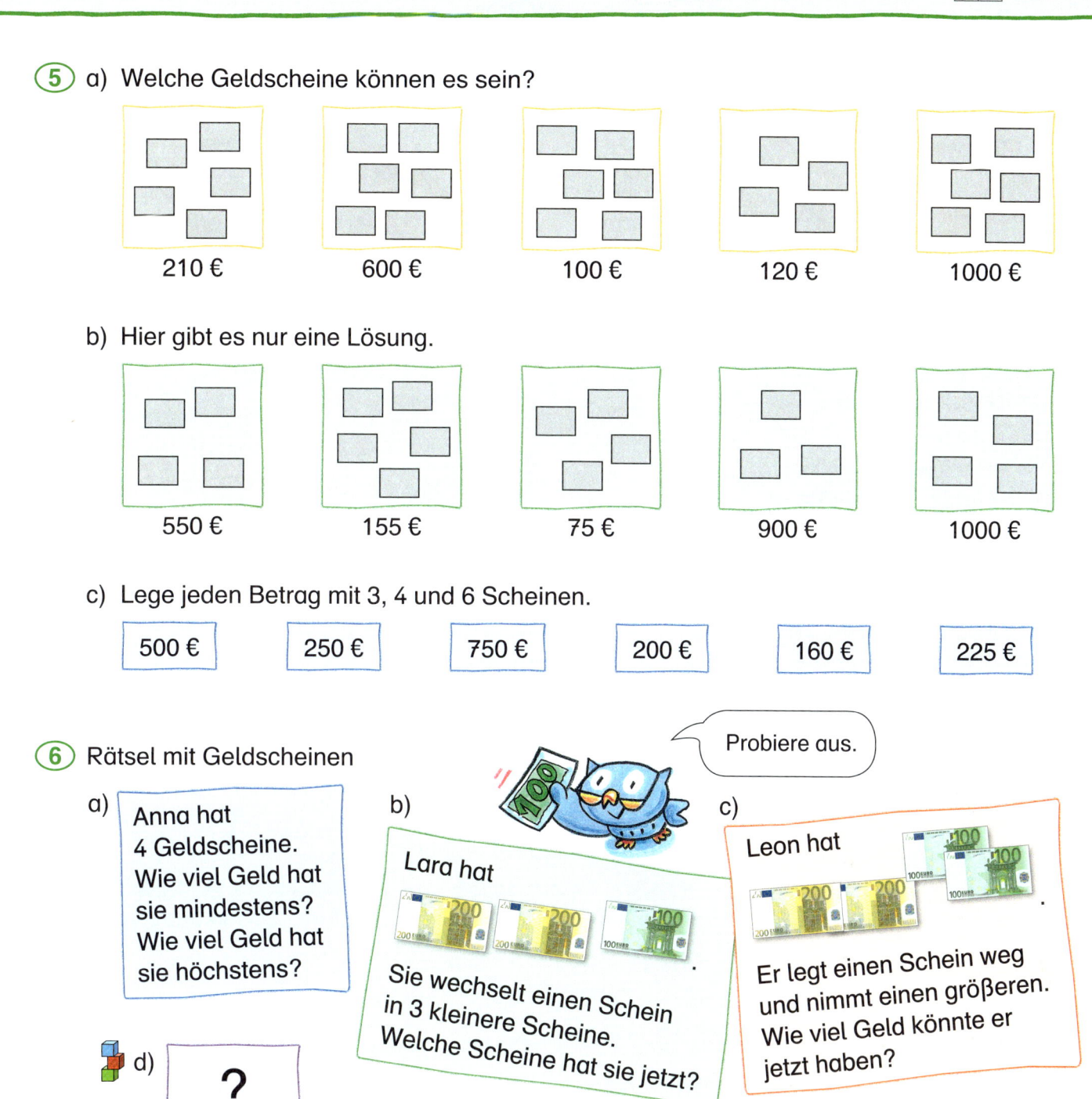

5 a) Welche Geldscheine können es sein?

210 €   600 €   100 €   120 €   1000 €

b) Hier gibt es nur eine Lösung.

550 €   155 €   75 €   900 €   1000 €

c) Lege jeden Betrag mit 3, 4 und 6 Scheinen.

500 €   250 €   750 €   200 €   160 €   225 €

6 Rätsel mit Geldscheinen

Probiere aus.

a) Anna hat 4 Geldscheine. Wie viel Geld hat sie mindestens? Wie viel Geld hat sie höchstens?

b) Lara hat ⟨200 € 200 € 100 €⟩. Sie wechselt einen Schein in 3 kleinere Scheine. Welche Scheine hat sie jetzt?

c) Leon hat ⟨200 € 200 € 100 €⟩. Er legt einen Schein weg und nimmt einen größeren. Wie viel Geld könnte er jetzt haben?

d) ?

e) Es gibt nur einen Geldbetrag, den man auf so viele verschiedene Arten legen kann: mit 1 Schein, mit 2 Scheinen, mit 3 Scheinen, … mit 10 Scheinen. Findest du ihn?

7 Spiel mit Geldscheinen

Legt abwechselnd je einen Schein. Wer mit einem Schein zur Summe 1000 € ergänzen kann, hat gewonnen.

500 €   200 €   100 €   …

Rund ums Rad

All Terrain Bike ATB
24 Zoll 7 Gänge

€ 275,-

Mountain Bike MTB
24 Zoll 27 Gänge

€ 349,-

Tacho € 21,-

Helm „Sun" € 49,-

Helm „Smile" € 29,-

① Welches Fahrrad würde dir gefallen?
Welche Fragen würdest du dem Verkäufer stellen? Ordne sie.

1 + 1	👁	i
Fragen, bei denen wir rechnen müssen	Fragen, die wir sofort beantworten können	Fragen, für die wir noch mehr Informationen benötigen

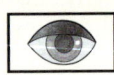

② Wie sieht dein „Traumfahrrad" mit Zubehör aus?
Gestalte ein Plakat und stelle es in der Gruppe vor.

③ Du hast 350 €. Welches Fahrrad und welches Zubehör von oben würdest du dafür kaufen? Finde mehrere Möglichkeiten.

④ Leon kauft sich das BMX-Rad und ein Lichtset.
In der Spardose hat er 175 €. Von seinem Onkel bekommt er 50 € geschenkt. Wie viel Geld bleibt übrig?

⑤ Emily bekommt von ihren Eltern das ATB Fahrrad.
Sie kauft sich selbst noch einen Tacho und einen Fahrradkorb dazu. Sie hat 100 €. Reicht das Geld?

Was bedeuten diese Begriffe? Überlege, wie sie zu den Aufgaben passen.

Gesamtpreis   fehlendes Geld   Einzelpreis

BMX Rad (Bicycle Moto Cross)
20 Zoll 1 Gang

€ 199,-

Einrad
20 Zoll

€ 69,-

Fahrradkorb € 44,-

Reflektoren € 1,59

Rücklicht € 9,90

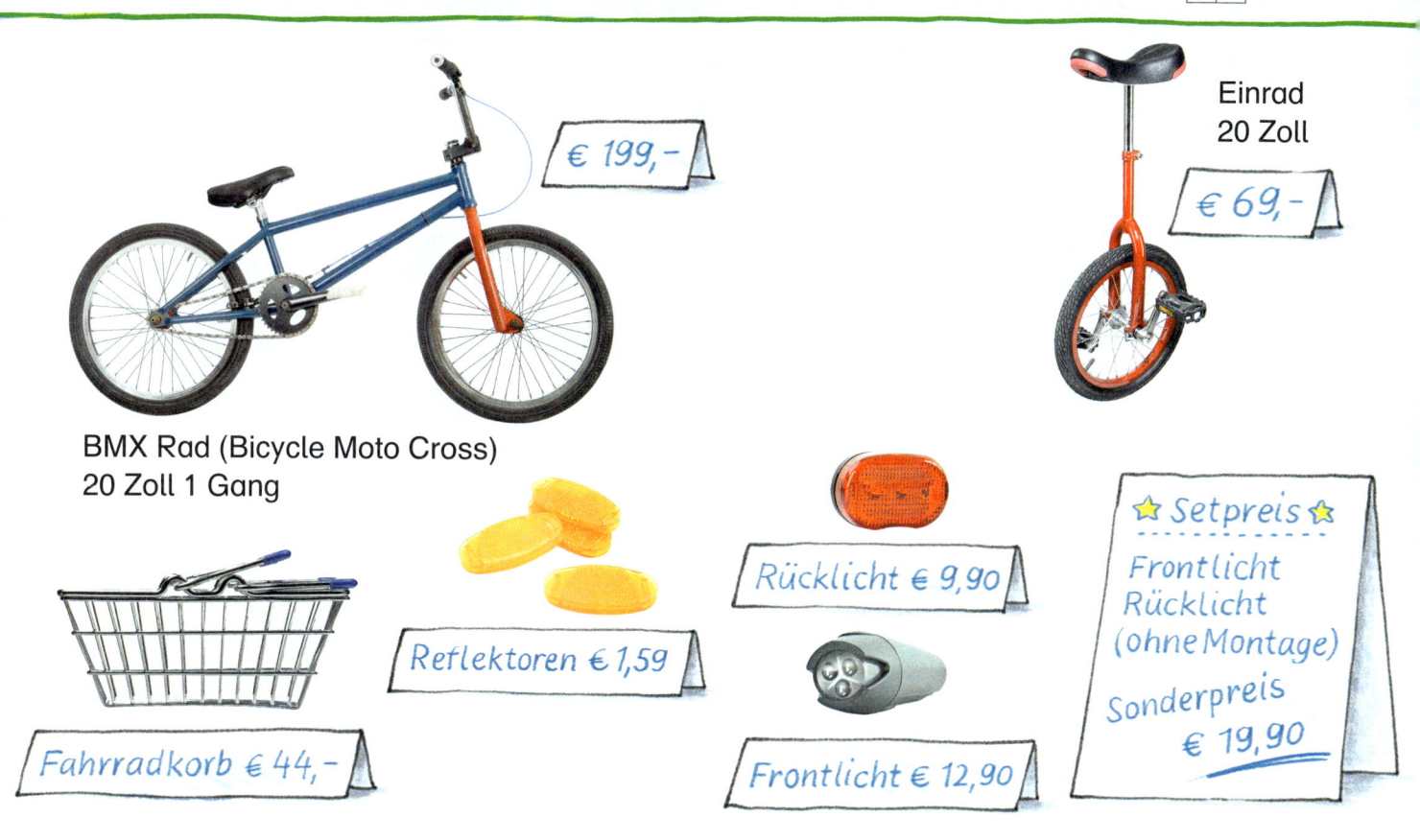

Frontlicht € 12,90

★ Setpreis ★
Frontlicht
Rücklicht
(ohne Montage)
Sonderpreis
€ 19,90

6 Anna wünscht sich ein neues Mountain Bike.
Außerdem sucht sie sich den Helm „Sun" aus. Ihre Eltern schenken ihr 100 €.
Ihre Oma gibt ihr 60 €. Sie selbst hat 170 € gespart.
Anna könnte jeden Monat 6 € von ihrem Taschengeld sparen.

Welche Fragen kannst du zuerst beantworten? Welche zuletzt?
Rechne und antworte.

- Reicht das Geld?
- Wie viel Geld hat sie insgesamt?
- Wie viele Monate muss sie sparen?
- Wie viel Geld hat sie geschenkt bekommen?
- Wie viel kosten Fahrrad und Helm zusammen?

7 a) Anna braucht noch Front- und Rücklicht. Wie viel Geld kann sie beim Setpreis sparen? Rechne.
b) Was braucht Anna noch, damit ihr Fahrrad verkehrssicher ist?

8 Annas Vater meint: „Wenn du statt des MTB das ATB kaufen würdest, könntest du Geld sparen." Anna überlegt …

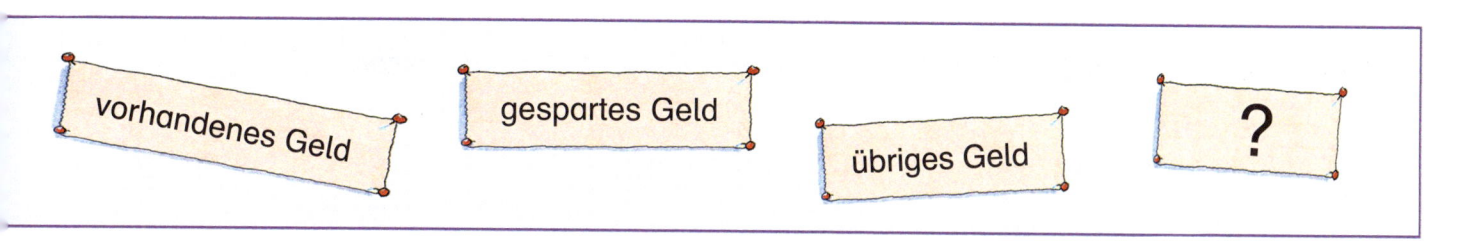

- vorhandenes Geld
- gespartes Geld
- übriges Geld
- ?

1000 Schritte – ein Kilometer?

Leon · Katharina · Luisa · 100 m

1 Kilometer = 1000 Meter
1 km = 1000 m

„Kilo" kommt aus dem Griechischen und bedeutet 1000. Kennst du weitere Wörter mit Kilo?

1000 m = 2 · 500 m
1000 m = 4 · 250 m
1000 m = 5 · 200 m
1000 m = 10 · 100 m

① Ihr wollt von eurer Schule aus einen Kilometer gehen.
   a) Bis wohin kommt ihr? Schätzt.
   b) Messt auf verschiedene Arten. Vergleicht eure Ergebnisse.
   c) Schaut beim Rückweg auf die Uhr. Wie lange braucht ihr zurück?

② So kannst du dir ein Bild von einem Kilometer machen:
   a) 50-m-Bahn: Wie oft musst du laufen?
   b) Fußballfeld (100 m lang): Wie viele Felder sind das hintereinander?
   c) Laufbahn (eine Runde 400 m): Wie viele Runden musst du laufen?
   d) Schulhof (Länge ? m): Wie oft musst du auf- und abgehen?
   e) Was fällt dir noch ein?

③ 1 km = ☐ · 500 m   1 km = ☐ · 100 m   1 km = ☐ · 250 m
   1 km = ☐ · 50 m   1 km = ☐ · 10 m   1 km = ☐ · 200 m

④ Ergänze auf 1 km.
   a) 400 m   b) 350 m   c) 425 m   d) 110 m   e) 280 m   f) 505 m
      100 m   650 m   750 m   520 m   910 m   911 m

104

Eine Umdrehung – ein Meter!

1 Riesenschritt 1 Meter!

Ich messe mit meinem Tachometer.

AH S. 71

Tim

Eva

Erkan

⑤ Erkan fährt jeden Tag 2 km mit dem Rad zur Schule. Wie viele Kilometer sind das in einer Schulwoche?

⑥ Tim wohnt 500 m von seiner Schule entfernt. Mittags geht er 300 m zu seiner Oma zum Essen. Nach den Hausaufgaben legt er von dort 200 m nach Hause zurück.
Wie viele Kilometer sind das am Tag, in einer Schulwoche, in 4 Wochen, in einem Schuljahr (40 Wochen)?

Skizzen können helfen.

⑦ Katharina überlegt: „Wenn ich meinen täglichen Schulweg im ganzen 3. Schuljahr an einem Stück gehen würde, käme ich von München nach Frankfurt."
Katharinas Weg zur Schule ist 1 km und 100 m lang.
Setze die Tabelle fort. Wie viele Kilometer sind das?

einfacher Weg	1 km 100 m
1 Schultag	2 km 200 m
5 Schultage	
10 Schultage	
100 Schultage	
…	
180 Schultage	

⑧ Wie lange ist dein Schulweg?
Wie weit würdest du in einem Jahr kommen?

Ist das immer so?

⑨ Wie viele Kilometer schafft jeder in …

	… ½ h	… 1 h	… 2 h	… 5 h	… 10 h	… ? h
Fußgänger		4 km				
Radfahrer		15 km				
Autofahrer		80 km				
Flugzeug		800 km				
…						

Radeln an der Donau

Die Donau ist der zweitlängste Fluss Europas.

Ulmer Münster

Befreiungshalle

① Ulmer Münster (höchster Kirchturm)
② Schloss Leipheim
③ Legoland bei Günzburg
④ Donauwörth Glockenspiel
⑤ Schloss Grünau
⑥ Spuren des Limes
⑦ Kloster Weltenburg
⑧ Befreiungshalle
⑨ Walhalla
⑩ Kloster Oberalteich
⑪ Wallfahrtskirche Bogenberg
⑫ Kloster Niederalteich
⑬ Passau, „Venedig des Nordens", größte Kirchenorgel der Welt

① Was kannst du alles aus der Karte herauslesen?

② Durch welche Orte fließt die Donau zwischen Regensburg und Passau? Schreibe sie auf.

③ Überschlage: Wie weit ist es ungefähr …
 a) … von Ulm nach Donauwörth?
 b) … von Donauwörth nach Ingolstadt?
 c) … von Ingolstadt nach Regensburg?
 d) …

⑤ Sportliche Radler schaffen an einem Tag etwa 100 km.
Wie lange brauchen sie für die Strecke von Ulm bis Passau ungefähr?
Warum reicht beim Radfahren manchmal ein ungefähres Ergebnis?

④ Rechne drei Strecken von Aufgabe ③ genau aus.

⑥ Hilf den Kindern, eine Radtour an der Donau zu planen.

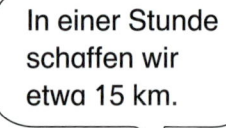

In einer Stunde schaffen wir etwa 15 km.

Ich kann nur vier Stunden pro Tag radeln.

Wir haben eine Woche Zeit. 5 Tage wollen wir radeln.

Welche Strecken könnten die Kinder fahren? Schreibe Start und Ziel auf.
Welche Sehenswürdigkeiten liegen auf dem Weg?

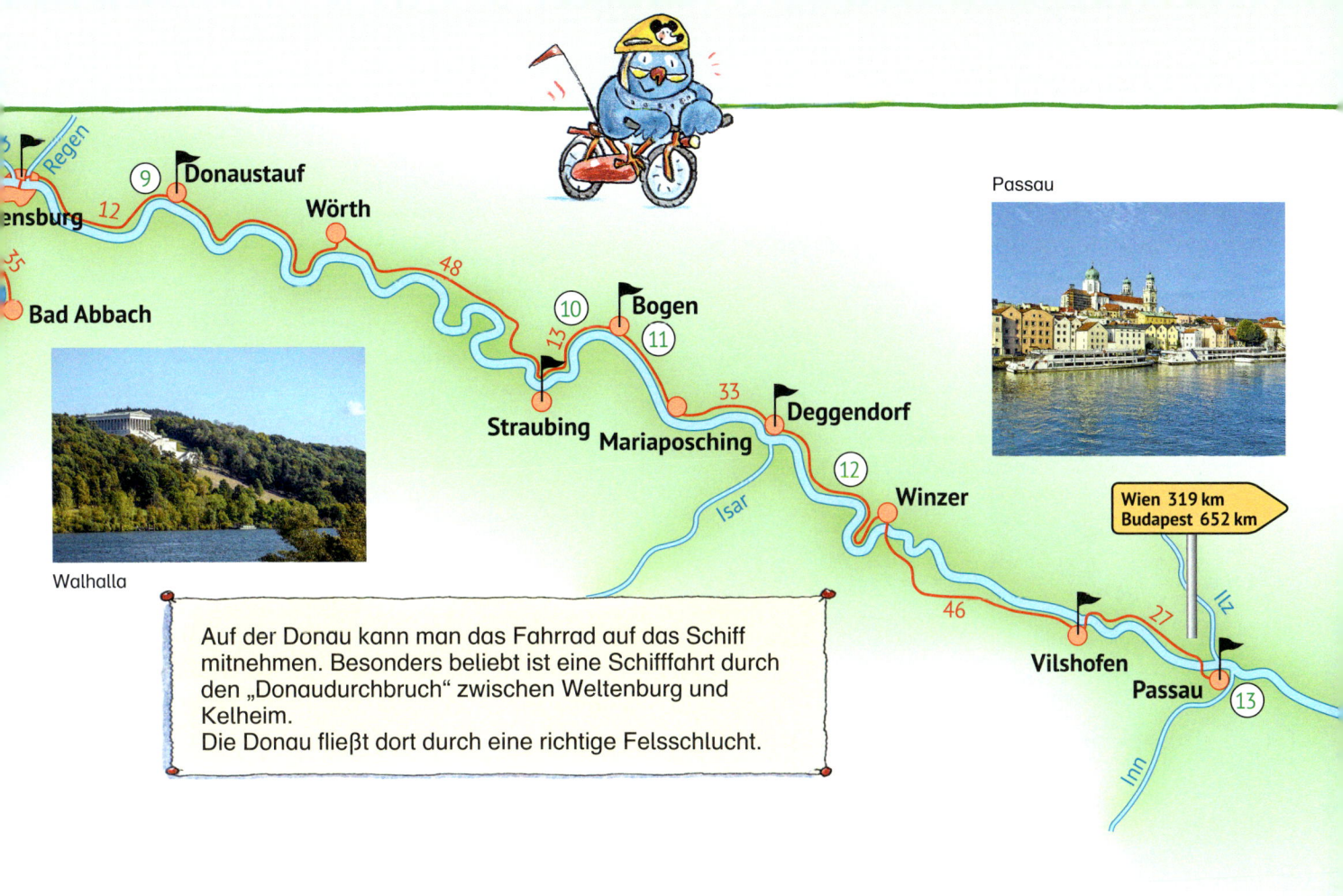

⑦ Elena fuhr mit ihren Eltern von Donauwörth nach Regensburg.
Sie brauchten für die Strecke von 137 km nur 4 Tage.
Am ersten Tag kamen sie bis Neuburg, das waren 34 km.
Am zweiten Tag fuhren sie 15 km und besichtigten Ingolstadt.
Am dritten Tag kamen sie bis Kelheim. Die restlichen 35 km
bis Regensburg fuhren sie am vierten Tag.
An welchem Tag legten sie die längste Strecke zurück?

Du kannst dir einen Plan machen:

Gesamtstrecke: 137 km			
1. Tag: 34 km	2. Tag: … km	3. Tag: … km	4. Tag: … km

Solche Schilder stehen an jedem Fluss, sie zeigen die Stromkilometer:

2227,2

Dieses Schild steht in Passau an der Donau.
Es bedeutet: Von hier sind es noch genau 2227,2 km bis zur Mündung ins Schwarze Meer.

⑧ Jonathan wohnt in Augsburg am Lech. Bis Donauwörth sind es etwa 45 km.
Kann Jonathan es in 10 Tagen schaffen, von Augsburg aus an Lech und Donau entlang bis nach Passau zu fahren?
Wie viele Kilometer müsste er jeden Tag zurücklegen?

⑨ Plane für dich und deine Familie eine Radtour.
Was wollt ihr sehen? Wo fahrt ihr los? Wie lange seid ihr unterwegs?
Wie weit wollt ihr kommen?

107

Marathon in der Pause?

In der Pause gehst oder läufst du ganz schön viel. Schaffst du es, in einem Schuljahr die Strecke von einem Marathon (42,1 km) zu laufen?

Marathonlauf

Im Jahr 490 v. Chr. gewannen in der Nähe der Stadt Marathon die Athener eine Schlacht. Ein Bote lief danach 42,1 km nach Athen, um vom Sieg zu berichten. Er brauchte 2 Tage für die Strecke und brach am Ende tot zusammen.

① Die Überlegungen der Kinder können euch helfen:

- Ein Jahr hat 52 Wochen.
- Wir müssen an die Ferien denken.
- Wir haben jeden Tag 20 Minuten Pause.
- Wir könnten unseren Pausenhof ausmessen.
- Ich spiele meistens Fußball mit meinen Freunden.
- Ich sitze auch mal da und esse mein Pausenbrot.

② Überlegt, welche Informationen ihr zum Rechnen braucht. Welche Messgeräte können helfen?

108

③ Vergleicht eure Ideen mit diesen. Was ist gleich? Was ist anders?

A

Ein Jahr hat 52 Wochen.

Ferien:	
Herbst	1 Woche
Weihnachten	2 Wochen
Winter	1 Woche
Ostern	2 Wochen
Pfingsten	2 Wochen
Sommer	6 Wochen

6 + 2 + 2 + 1 + 2 + 1 = 14

52 − 14 = 38

38 · 5 = 190

B

Schulhof Länge: 300 m
Breite: 200 m

1 Runde:
200 m + 300 m + 200 m + 300 m
= 1000 m

Jede Pause laufe ich 2 Runden: 2 km

In einer Woche laufe ich 10 km.

Also laufe ich in 4 Wochen 40 km.

Ja, ich laufe sogar mehrere Marathons in einem Schuljahr.

C

Rennen 1 min	100 m
Rennen 5 min	500 m
Gehen 1 min	50 m
Gehen 10 min	500 m

In der Pause renne ich 5 Minuten und gehe 10 Minuten. 5 Minuten sitze ich und mache Brotzeit.

Also lege ich in einer Pause 1000 m zurück. In einer Woche sind das 5 km.

52 (Wochen) · 5 km = 260 km

Wir laufen mehr als 6 Marathons in einem Jahr.

- Welche Ideen sind sinnvoll?
- Welche Ergebnisse könnten stimmen?
- Erkläre die Tabelle in Lösung C.
- Was bedeuten die Rechnungen aus Lösung A?

52 − 14 = 38   38 · 5 = 190

④ Was sagst du dazu?

Unser Pausenhof ist 10 km breit und 20 km lang. Eine Runde sind 30 km. Wir laufen in 2 Tagen schon 60 km.

Multiplizieren · und Dividieren : mit 10 und 100

① Was passiert beim Multiplizieren mit 10 und 100? Erkläre in deinem 📖.

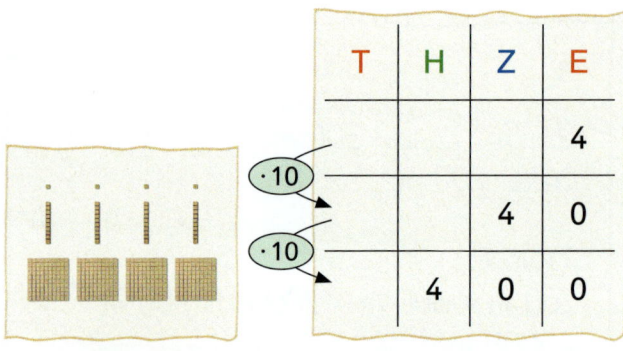

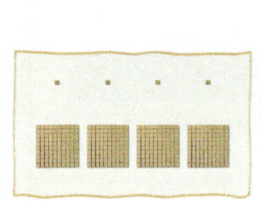

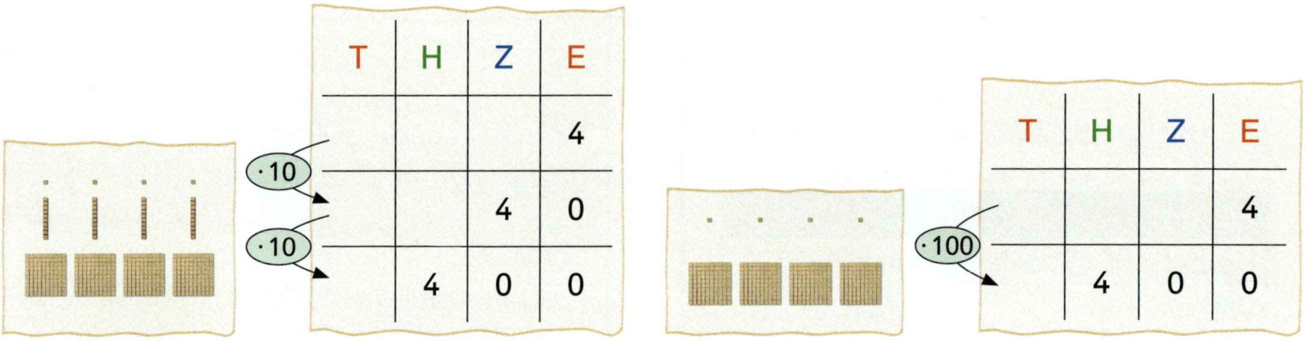

Beim Multiplizieren mit 10 werden aus Einern … und aus Zehnern …

Beim Multiplizieren mit 100 werden aus Einern …

② Wie verändern sich die Zahlen jeweils? Überlege und rechne.

a)	b)	c)	d)
9 · 1	7 · 1	4 · 100	8 · 10
9 · 10	7 · 10	40 · 10	8 · 100
9 · 100	70 · 10	4 · 10	8 · 1
90 · 10	7 · 100	4 · 1	80 · 10

③ Zahlen verzaubern

Wie heißt die Zauberregel? Finde weitere Zahlenpaare und schreibe auf.

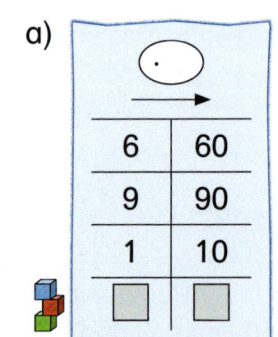

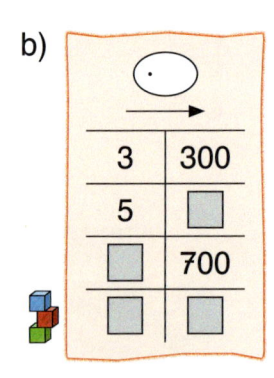

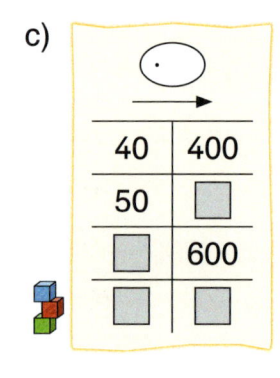

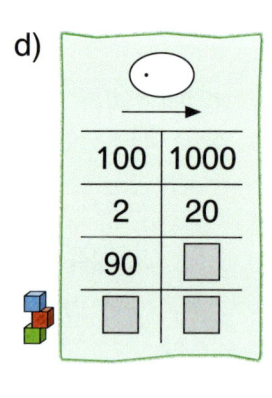

a)
6	60
9	90
1	10
☐	☐

b)
3	300
5	☐
☐	700
☐	☐

c)
40	400
50	☐
☐	600
☐	☐

d)
100	1000
2	20
90	☐
☐	☐

④ Wie heißt jeweils die Zauberregel? Welche Paare gehören zur selben Zauberregel?

| 5 | 50 | | 4 | 400 | | 3 | 30 | | 6 | 600 |
| 70 | 700 | | 1 | 100 | | 9 | 900 | | 4 | 400 |

Schreibe so auf:

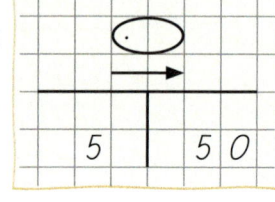

| ? | ? |
| 5 | 50 |

110

5 Was passiert beim Dividieren durch 10 und 100? Erkläre in deinem 📖.

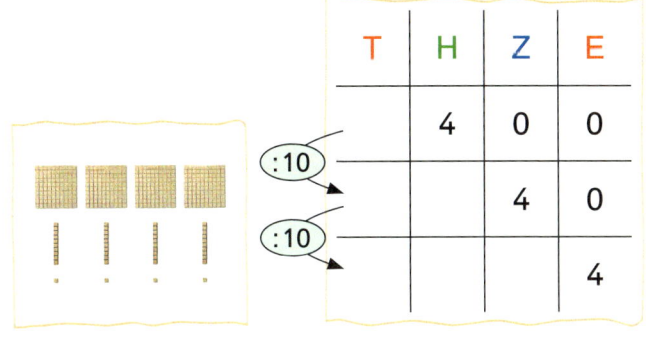

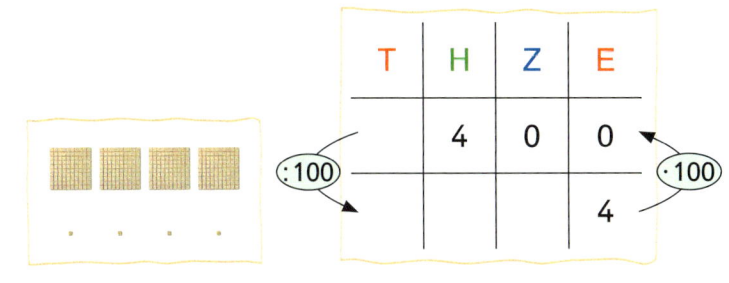

T	H	Z	E
	4	0	0
		4	0
			4

T	H	Z	E
	4	0	0
			4

Beim Dividieren durch 10 werden aus Hundertern … und aus Zehnern …

Beim Dividieren durch 100 werden aus Hundertern …

6 Rechne Aufgabe und Umkehraufgabe.

```
400 : 100 =   4
  4 · 100 = 400
400 :  10 = ☐
  ☐ ·  10 = ☐
```

a) 400 : 100
   400 : 10

b) 700 : 100
   700 : 10

c) 900 : 10
   900 : 100

d) 1000 : 10
   1000 : 100

e) 200 : 100
   200 : 10

f) 600 : 10
   600 : 100

7 Zahlen verzaubern

Wie heißt die Zauberregel? Finde weitere Zahlenpaare und schreibe auf.

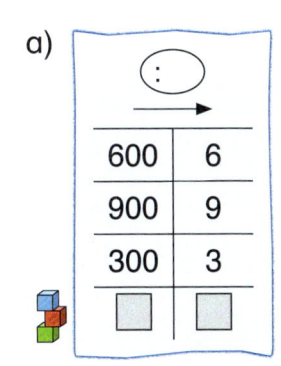

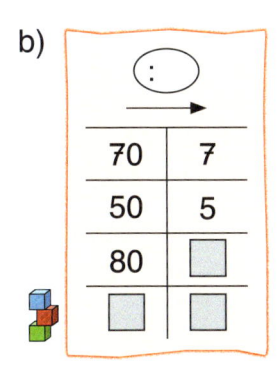

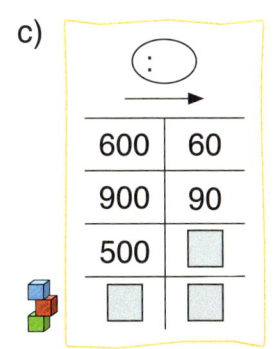

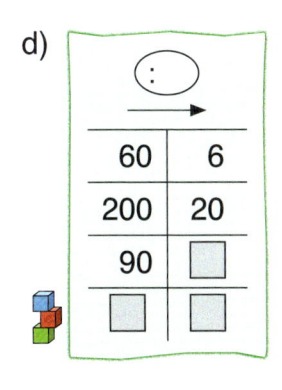

a) (:)
600	6
900	9
300	3
☐	☐

b) (:)
70	7
50	5
80	☐
☐	☐

c) (:)
600	60
900	90
500	☐
☐	☐

d) (:)
60	6
200	20
90	☐
☐	☐

8 Wie heißt jeweils die Zauberregel? Welche Paare gehören zur selben Zauberregel?

| 60 | 6 | | 700 | 7 | | 500 | 5 | | 200 | 20 |
| 800 | 8 | | 100 | 1 | | 40 | 4 | | 300 | 30 | | ? | ? |

Schreibe so auf:

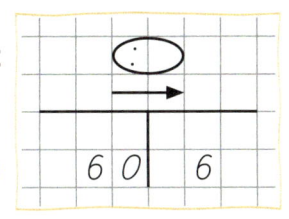

(:) →	
60	6

Multiplizieren · und Dividieren : mit Zehnerzahlen

4 · 60

4 · 6 Z = 24 Z = ☐
|||| |||| |||| |||| |||| |||| |||| ||||
Clara

4 · 60
4 · 6 · 10
  24 · 10
Anna

4 · 6 = 24 · 10
4 · 60 = ☐
Matthias

(1) Wie rechnest du? Schreibe deinen Rechenweg auf.

4 · 30   7 · 60   3 · 90   5 · 50   8 · 70   6 · 80

(2) Löse mit der Tauschaufgabe.

4	0	·	6	=			
	6	·	4	0	=	2	4	0

40 · 6   60 · 2   50 · 6   90 · 5   30 · 9
70 · 3   20 · 7   80 · 9   60 · 5   40 · 8

(3) Die Einmaleins-Aufgabe hilft. Rechne und begründe.

| 2 · 7 | 8 · 5 | 3 · 8 | 4 · 7 | 6 · 9 | 2 · 4 | 5 · 8 |

2 · 70   8 · 50   3 · 80   4 · 70   …   …   …
20 · 7   80 · 5   30 · 8   …   …   …   …

(4) Wie verändern sich die Zahlen jeweils? Überlege und rechne.

a) 3 · ☐ = 9   b) 5 · ☐ = 25   c) 70 · ☐ = 420   d) 8 · ☐ = 640
   30 · ☐ = 90   50 · ☐ = 250   7 · ☐ = 42   80 · ☐ = 640
   3 · ☐ = 90   5 · ☐ = 250   7 · ☐ = 420   8 · ☐ = 64

★ Denke dir selbst solche Päckchen aus.

(5) a) 10 · 90   10 · 80   10 · 70   …   b) 90 · 2   80 · 2   70 · 2   …
        5 · 90   5 · 80   5 · 70   …   90 · 4   80 · 4   70 · 4   …

(6) Finde Malaufgaben zum …

a) … Ergebnis 120

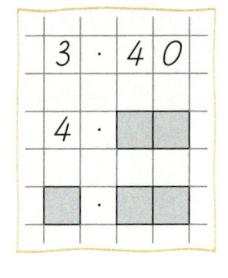

3 · 40
4 · ☐
☐ · ☐

b) … Ergebnis 240   e) … Ergebnis 300
c) … Ergebnis 360   f) … Ergebnis 100
d) … Ergebnis 200   g) … Ergebnis ?

112

Die Malaufgabe hilft.

240 : 6 = ☐

☐ · 6 = 240
☐ · 6 = 24

240 : 60 = ☐

☐ · 60 = 240

7 Rechne mit der Malaufgabe.

3	2	0	:	8	0	=	
4	·	8	0	=	3	2	0

320 : 80   400 : 5   720 : 90   490 : 7   560 : 8
450 : 9   350 : 70   630 : 9   300 : 60   280 : 40

8 Rechne. Denke an die Malaufgabe.

270 : 30   630 : 70   810 : 90   240 : 40   420 : 70   360 : 60
270 : 3   630 : 7   810 : 9   …   …   …

9 a) 36 : ☐ = 9   b) 56 : ☐ = 7   c) 540 : ☐ = 60   d) 63 : ☐ = 9
   360 : ☐ = 90   560 : ☐ = 7   54 : ☐ = 6   630 : ☐ = 9
   360 : ☐ = 9   560 : ☐ = 70   540 : ☐ = 6   630 : ☐ = 90

e) Denke dir selbst solche Päckchen aus.

10 a) 400 : 80   320 : 80   240 : 80   …   b) 500 : 10   400 : 10   300 : 10   …
   400 : 40   320 : 40   240 : 40   …   500 : 5   400 : 5   …   …

11 Finde Geteiltaufgaben zum …

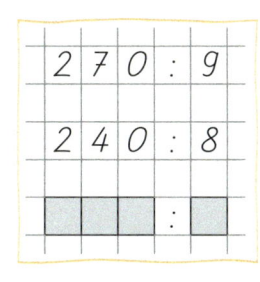

a) … Ergebnis 30

270 : 9
240 : 8
☐ ☐ : ☐

b) … Ergebnis 70   e) … Ergebnis 40
c) … Ergebnis 6   f) … Ergebnis 50
d) … Ergebnis 60   g) … Ergebnis ?

Grundwissen ④

1 Addiere schriftlich.

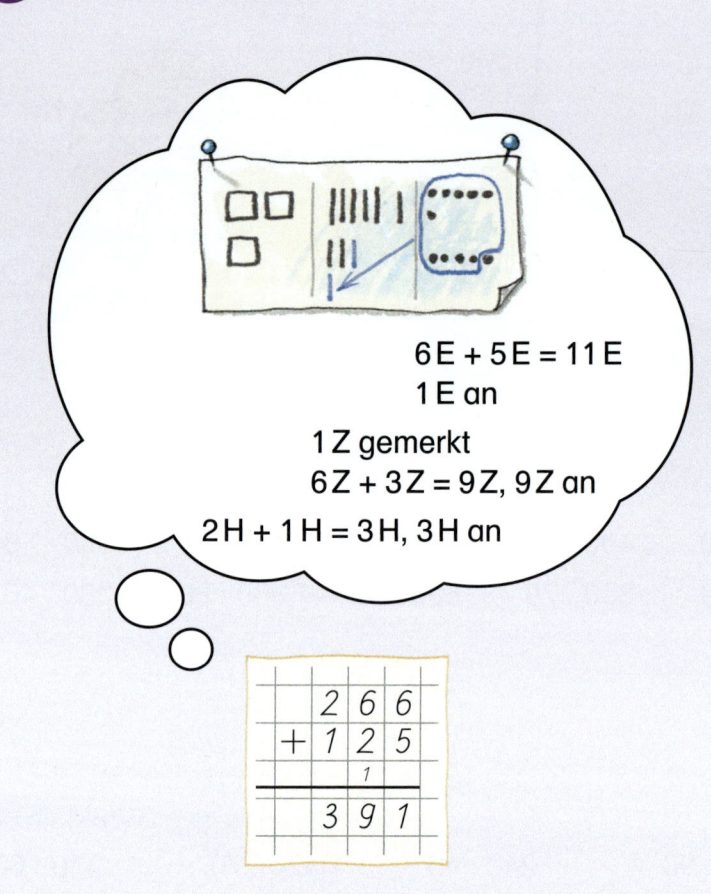

6 E + 5 E = 11 E
1 E an

1 Z gemerkt
6 Z + 3 Z = 9 Z, 9 Z an

2 H + 1 H = 3 H, 3 H an

```
  2 6 6
+ 1 2 5
    1
  3 9 1
```

a) 266   267   404
  + 125   + 316   + 378

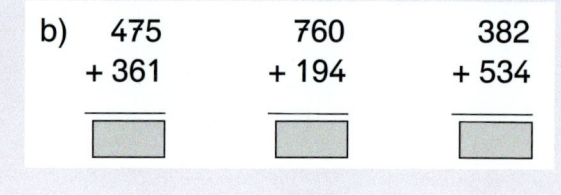

b) 475   760   382
  + 361   + 194   + 534

c) 276   466   584
  + 458   + 354   + 219

2 Subtrahiere schriftlich.

```
    5 10
  4 ⁶2
- 2 1 5
  2 4 7
```

12 E − 5 E = 7 E, 7 E an

5 Z − 1 Z = 4 Z, 4 Z an

4 H − 2 H = 2 H, 2 H an

a) 462   851   963
  − 215   − 217   − 346

b) 629   538   449
  − 146   − 274   − 177

c) 824   531   842
  − 266   − 257   − 147

3 Wie verändern sich die Zahlen jeweils?
Überlege und rechne.

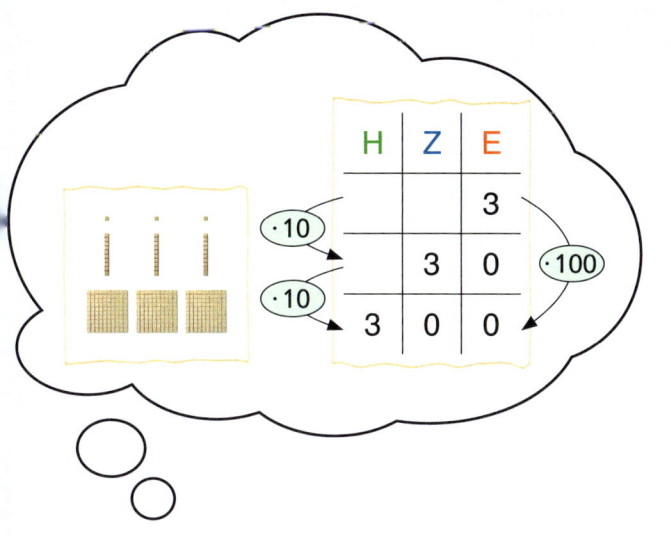

	H	Z	E
			3
		3	0
	3	0	0

·10 ·100
·10

a) 3 · 1
   3 · 10
  30 · 10
   3 · 100

b) 5 · 100
   5 · 10
  50 · 10
  50 · 1

c) 7 · 10
   7 · 100
  70 · 10
   7 · 1

4 Rechne Aufgabe und Umkehraufgabe.

500 : 100 = 5
5 · 100 = 500
500 : 10 = ☐
☐ · 10 = ☐

a) 500 : 100
   500 : 10

b) 700 : 100
   700 : 10

c) 400 : 100
   400 : 10

d) 200 : 10
   200 : 100

e) 600 : 10
   600 : 100

f) 100 : 10
   100 : 100

5 a) 4 · ☐ = 16
   40 · ☐ = 160
    4 · ☐ = 160

b) 3 · ☐ = 15
   30 · ☐ = 150
    3 · ☐ = 150

c) 6 · ☐ = 24
   60 · ☐ = 240
    6 · ☐ = 240

6 a) 48 : ☐ = 8
   480 : ☐ = 80
   480 : ☐ = 8

b) 64 : ☐ = 8
   640 : ☐ = 80
   640 : ☐ = 8

c) 32 : ☐ = 4
   320 : ☐ = 40
   320 : ☐ = 4

7 Finde Malaufgaben zu diesen Ergebnissen.
Schreibe sie in dein 📖.

120   320   400   280   ?

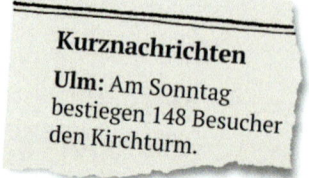

Genaue und ungefähre Angaben …

Ulm 8 km

Fußweg zum Münster 700 m

Erbaut in den Jahren 1377 bis 1890

Die Bauzeit des Münsters betrug etwa 500 Jahre.

Kurznachrichten
Ulm: Am Sonntag bestiegen 148 Besucher den Kirchturm.

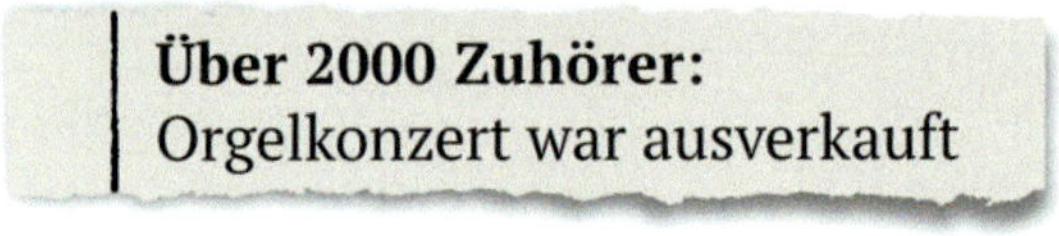

Ulmer Münster
Höchster Kirchturm der Welt!
Höhe: 161 m
768 Stufen bis zur Turmspitze.

Über 2000 Zuhörer: Orgelkonzert war ausverkauft

① Genaue und ungefähre Angaben. Vergleiche.

a) Woran erkennst du, dass manche Angaben nicht genau sind?

b) Warum verwendet man gerundete Zahlen?

c) Wann verwendest du gerundete Zahlen? Finde eigene Beispiele.

„Etwa 500", „über 2000", das sind **gerundete Zahlen**.

② Suche in der Zeitung nach genauen und gerundeten Zahlen. Vergleiche mit deinem Partner.

③ Sind diese Zahlenangaben sinnvoll? Begründe.

- Meine Hausnummer ist etwa 50. 
- Ich habe circa 20 Stifte. 
- Mama holt mich in 11 Minuten und 1 Sekunde ab. 
- Meine Autonummer ist ungefähr 400.

Nenne weitere Beispiele. Wann ist eine genaue Angabe wichtig?

... in Tabellen und Diagrammen

A H S.76

4 Gerundete Zahlen werden oft in Diagrammen verwendet.

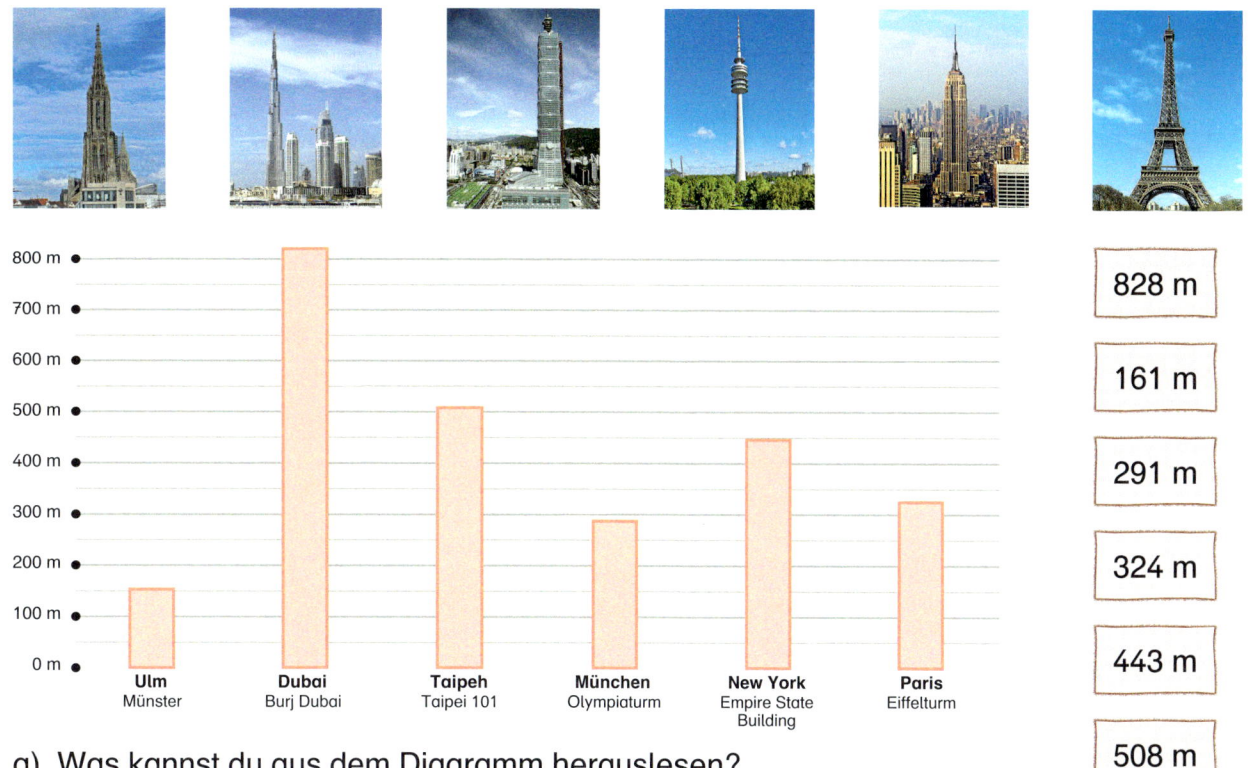

Ulm Münster	
Dubai Burj Dubai	
Taipeh Taipei 101	
München Olympiaturm	
New York Empire State Building	
Paris Eiffelturm	

828 m

161 m

291 m

324 m

443 m

508 m

a) Was kannst du aus dem Diagramm herauslesen?
b) Welches Gebäude ist das höchste, welches das niedrigste?
c) Ordne die Gebäude nach der Höhe und schreibe die genaue Angabe dazu.

	Höhe (genau)	Höhe (ungefähr)
Ulm: Münster	1 6 1 m	1 6 0 m

5 Flüsse in Deutschland
Erstelle ein Diagramm. Verwende glatte Zehnerzahlen.

	Länge (genau)	Länge (ungefähr)
Lech	264 km	260 km
Inn	517 km	
Main	527 km	
Isar	295 km	
Donau	2 857 km	
Rhein	1 238 km	

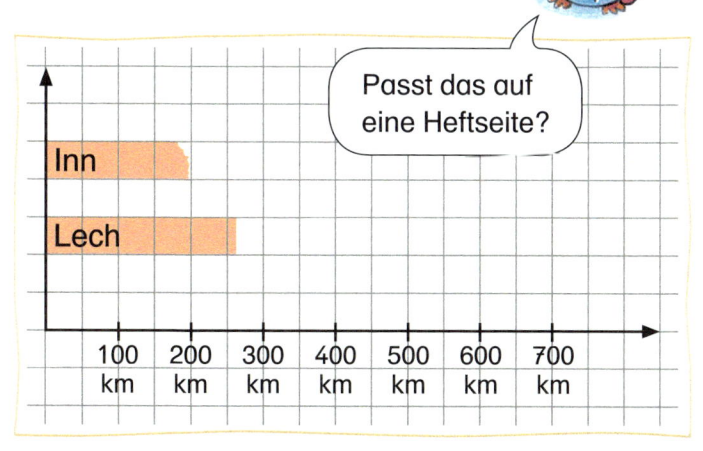

Passt das auf eine Heftseite?

Inn
Lech

100 km 200 km 300 km 400 km 500 km 600 km 700 km

6 Erstelle ein Diagramm zu einem Thema, z. B. Schiffslängen, Zuschauer in Fußballstadien, Flügelspannweiten von Vögeln, ...

117

Den Umfang ...

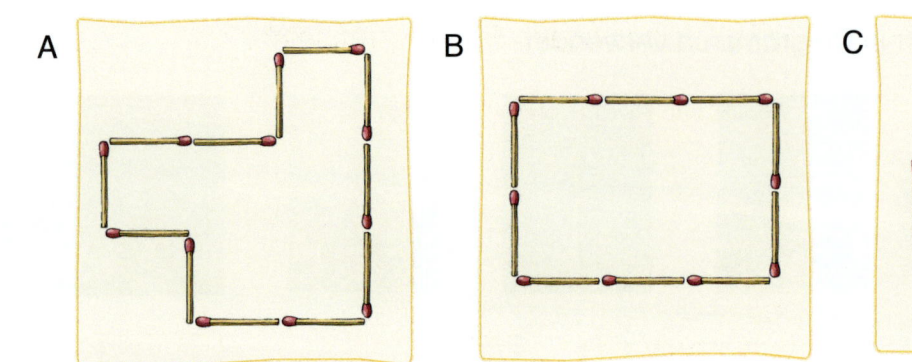

A B C

1 a) Lege alle Figuren nach.

b) Lege nun die benötigten Streichhölzer jeder Figur in eine Reihe aneinander. Vergleicht die entstandenen Längen.

Die Länge der Strecke rund um die Figur nennt man Umfang.

c) Zähle die Streichhölzer. Welchen Umfang haben die Figuren?

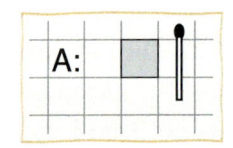

A: ☐

2 Lege selbst Figuren. Dein Partner bestimmt den Umfang.

3 Den Umfang kannst du auch mit Kästchenlängen (KL) messen.

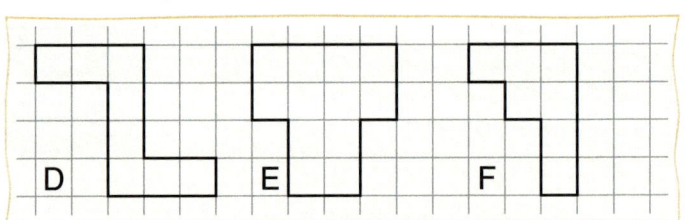

D E F

Das ist eine Kästchenlänge.

Welche Figur hat den größten Umfang?

a) Schätze zuerst.

b) Bestimme den Umfang durch die Anzahl der Kästchenlängen (KL).

D: ☐ KL

4 Zeichne eigene Figuren. Gib den Umfang in Kästchenlängen (KL) an. Du kannst den Umfang auch mit dem Lineal messen.

5 Kannst du Figuren zeichnen, deren Umfang 12 (11, 10, 9) Kästchenlängen beträgt? Was stellst du fest?

... und die Fläche bestimmen

AH S.77

6 a) Nehmt jeweils 12 Streichhölzer und legt verschiedene Figuren. Vergleicht.

b) Welche Figur hat die größte Fläche?
Untersucht eure Figuren.

Ich kann die Figuren in kleine Quadrate ☐ einteilen.

7 Welche Figur hat die größte Fläche?

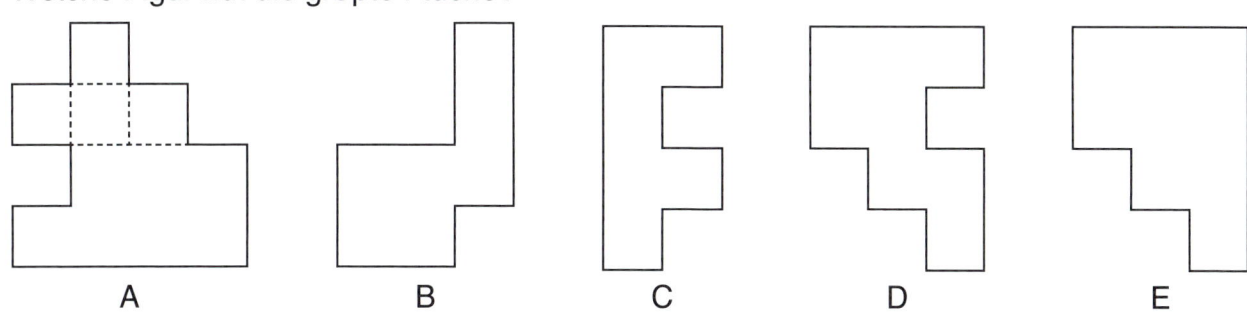

A   B   C   D   E

a) Schätze zuerst.

b) Zeichne die Figuren ab.
Unterteile sie in kleine Quadrate.

A: ▭

8 Zeichne Figuren, die aus 9 Kästchen bestehen.
Wie viele findest du? Vergleiche den Umfang der Figuren.

9 Wie groß ist der Umfang der 6. Figur?

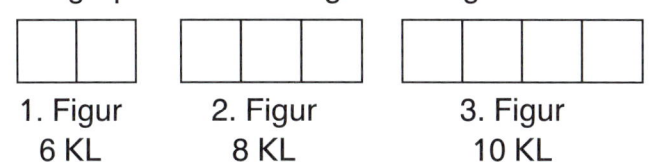

1. Figur   2. Figur   3. Figur   ...   6. Figur
6 KL   8 KL   10 KL   ☐ KL

119

Am Geobrett: Fläche, Umfang, Symmetrie

1 a) Welche Fläche ist die größte? Vermute.

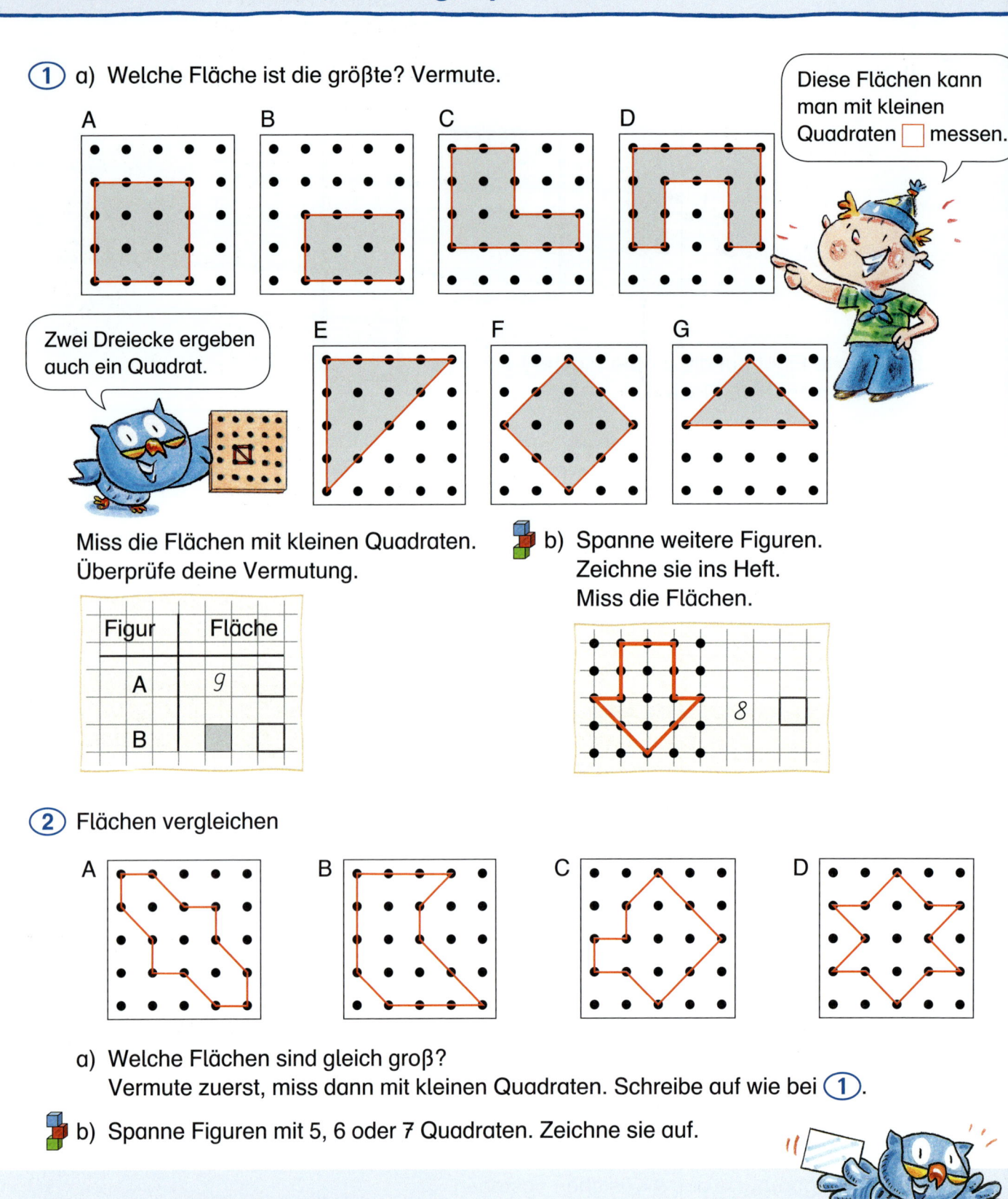

A   B   C   D

Diese Flächen kann man mit kleinen Quadraten ☐ messen.

E   F   G

Zwei Dreiecke ergeben auch ein Quadrat.

Miss die Flächen mit kleinen Quadraten. Überprüfe deine Vermutung.

Figur	Fläche	
A	9	☐
B		☐

b) Spanne weitere Figuren. Zeichne sie ins Heft. Miss die Flächen.

8 ☐

2 Flächen vergleichen

A   B   C   D

a) Welche Flächen sind gleich groß?
Vermute zuerst, miss dann mit kleinen Quadraten. Schreibe auf wie bei **1**.

b) Spanne Figuren mit 5, 6 oder 7 Quadraten. Zeichne sie auf.

3 a) Ergänze die Figuren symmetrisch.

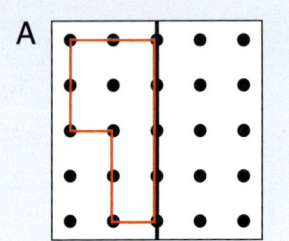

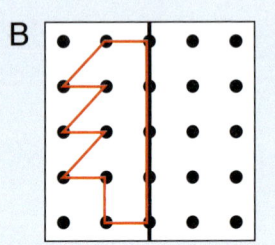

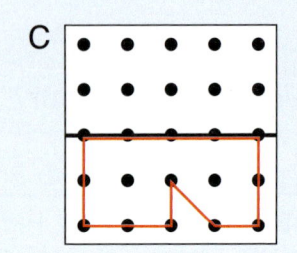

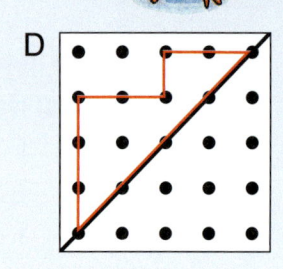

A   B   C   D

b) Spanne eigene Figuren. Ergänze sie symmetrisch. Zeichne sie auf.

120

④ Den Umfang bestimmen

> Der Umfang ist die Länge der Strecke rund um die Figur. Man kann ihn mit Kästchenlängen (KL) messen.

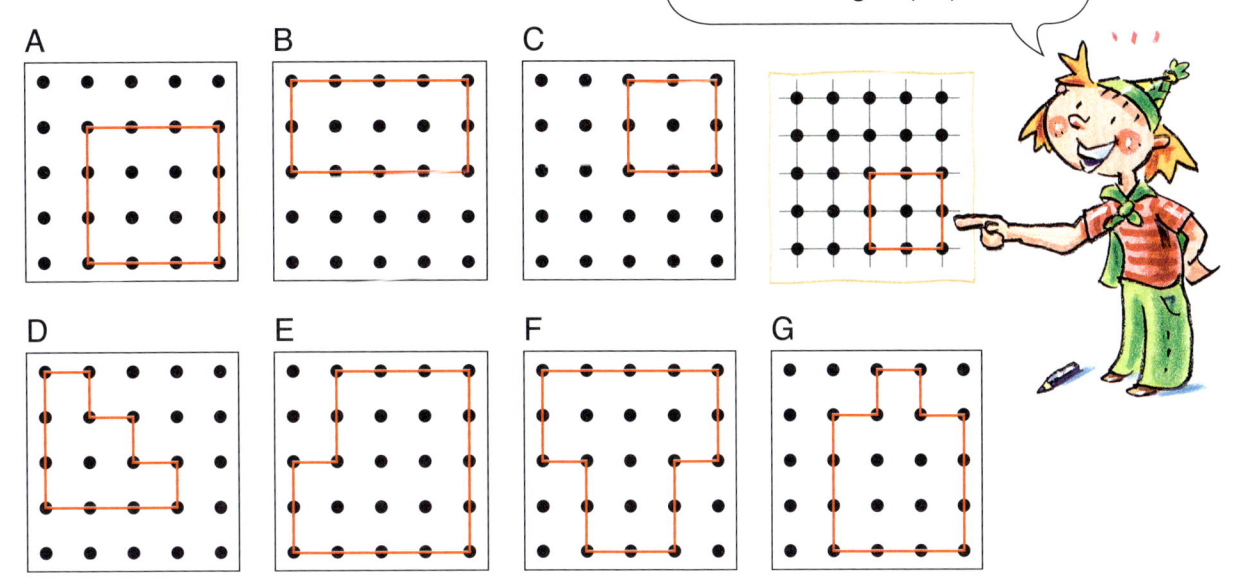

A H S. 78

a) Gib den Umfang in Kästchenlängen (KL) an.

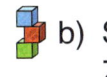

b) Spanne weitere Figuren. Zeichne sie ins Heft. Miss den Umfang.

Figur	Umfang (KL)
A	12

⑤ Welche Figuren haben den gleichen Umfang?

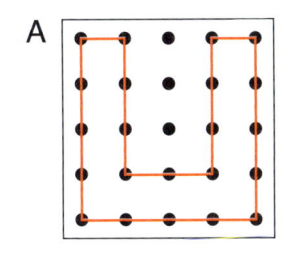

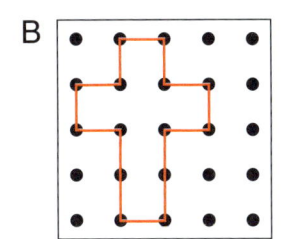

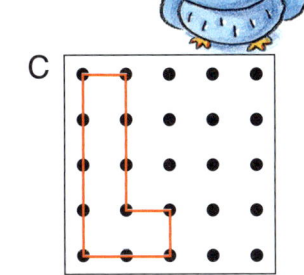

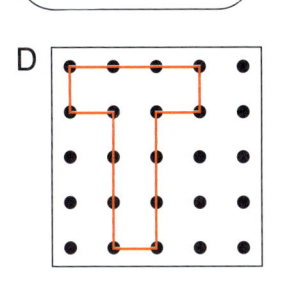

Auch ich habe einen Umfang.

⑥ a) Spanne verschiedene rechtwinklige Figuren. Der Umfang soll 10, 12, 14 Kästchenlängen betragen. Findest du auch eine Figur mit der Kästchenlänge 11?

b) Zeichne die Figuren aus a) in dein 📖.

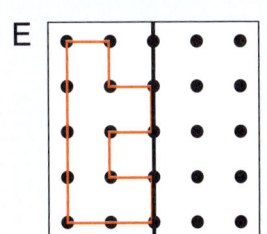

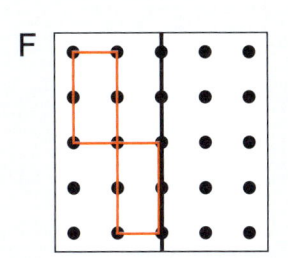

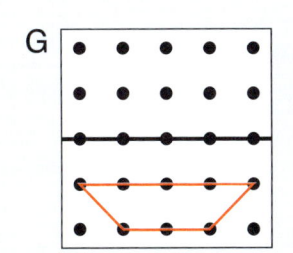

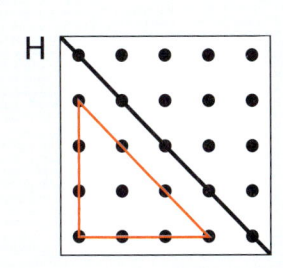

121

Vergrößern ...

AH S.79

"Ich habe ein Quadrat aus 4 Hölzchen gelegt."

"Ich lege die gleiche Figur, aber größer."

① Lege Simsalas Figur nach.
Wie viele Hölzchen brauchst du für die größere Figur?

| **Vergrößerung** → 2 Hölzchen für 1 Hölzchen |
| Das nennt man Vergrößern |
| im **Maßstab** 2 : 1 |

Maßstab: Zwei **zu** eins!

② Lege andere Figuren. Dein Partner vergrößert sie im Maßstab 2 : 1.

③ a) Lege diese Ausgangsfigur nach.

b) Lege den Turm von a) im Maßstab 2 : 1. Erkläre.

"Statt 2 Hölzchen lege ich ..."

"Statt 1 Hölzchen ..."

"Ich lege immer doppelt so ..."

④ a) Zeichne den Turm aus ③ a).
Zeichne für ein Hölzchen eine Kästchenlänge (KL).

b) Zeichne den Turm vergrößert im Maßstab 2 : 1. Erkläre.

⑤ Zeichne den Turm aus ③ a) auch im Maßstab 3 : 1, 4 : 1, ...

... und verkleinern

A|H S. 80

6 Vergleiche die beiden Figuren.

> Bim zeichnet immer nur 1 Kästchenlänge statt …

> Bims Figur ist die … Figur.

> Simsalas Figur ist die … Figur.

> Beim Kopf der Figur sind statt 4 KL nur …

> ?

7 Zeichne Simsalas Figur. Verkleinere wie Bim.

| **Verkleinerung** → **1** Kästchenlänge für **2** Kästchenlängen |
| Das nennt man Verkleinern im **Maßstab** **1** : **2** |

Schwierig, schwierig!

8 Verkleinere im Maßstab 1 : 2.
Zeichne so:

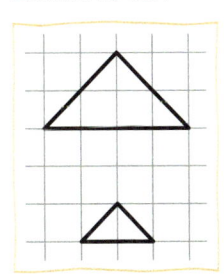

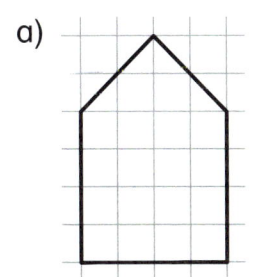

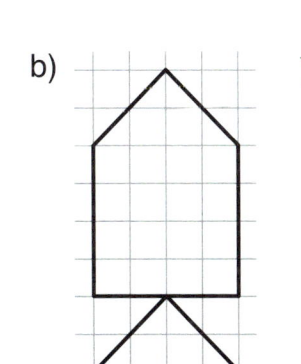

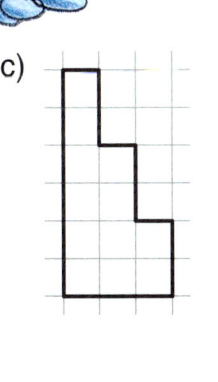

a)   b)   ★ c)

9 Erfinde selbst Figuren.
Dein Partner verkleinert sie im Maßstab 1 : 2.

10 Was bedeutet Maßstab 1 : 2? Erkläre in deinem 📖.

123

Denken, rechnen, knobeln

1

Grundsteine: 5, 10, 11

a) Berechne die Mauer.

b) Erhöhe nun jeden Grundstein um 1. Wie verändert sich der Zielstein?

c) Erhöhe nun jeden Grundstein um 2. Wie groß ist die Zahl im Zielstein?

d) Erkennst du ein Muster? Erkläre.

2 Zielsteine erreichen

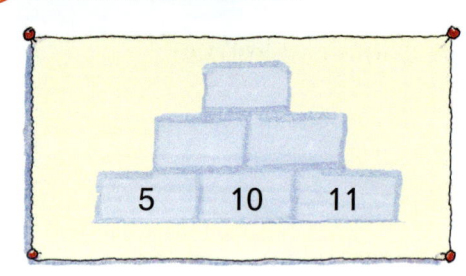

Grundsteine: 5, 10, 11

a) Beginne mit der Mauer von ①. Du möchtest den Zielstein 48 (60, 80, 100) erhalten. Um wie viel musst du die Grundsteine erhöhen?

b) Verkleinere die Grundsteine gleichmäßig so, dass du den Zielstein 32 erhältst.

c) Verkleinere die Grundsteine gleichmäßig. Welches ist der kleinstmögliche Zielstein?

3 Vierermauern

Grundsteine: 6, 9, 8, 7

a) Berechne die Mauer.

b) Erhöhe nun jeden Grundstein um 1. Wie verändert sich jetzt der Zielstein? Erkläre.

c) Verändere die Grundsteine gleichmäßig so, dass du den Zielstein 80, 120, 144 erhältst.

⭐ d) Kannst du auch den Zielstein 1000 erreichen?

4 Mauern mit vielen 5ern

Erfinde eine Rechenmauer, in der möglichst oft die Ziffer 5 vorkommt.

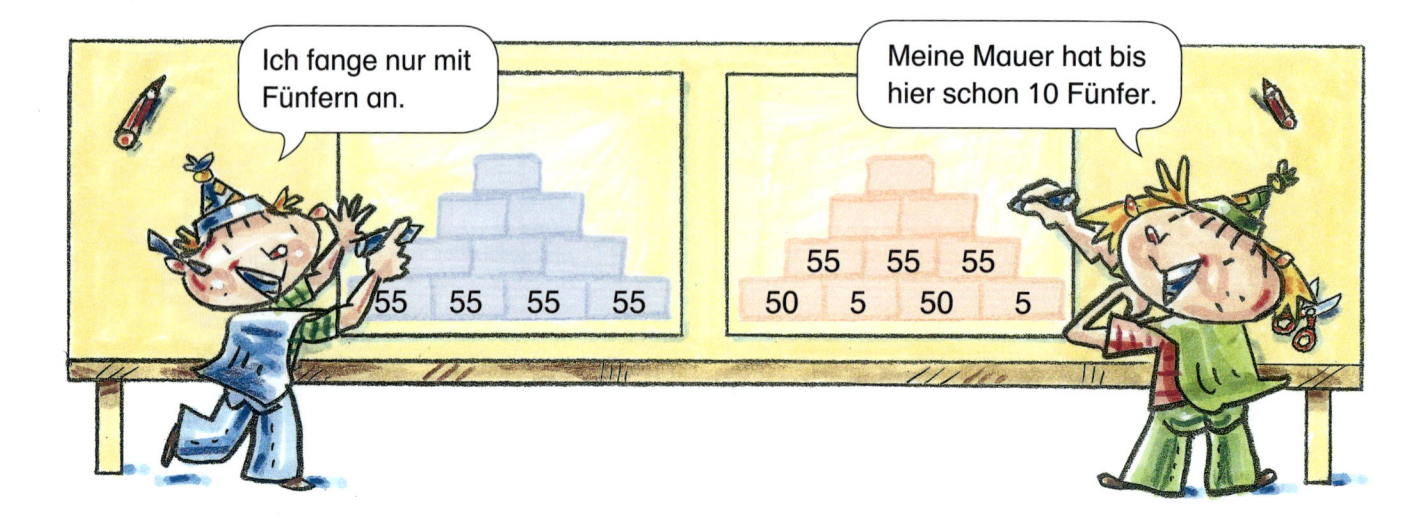

„Ich fange nur mit Fünfern an."

Grundsteine: 55, 55, 55, 55

„Meine Mauer hat bis hier schon 10 Fünfer."

Mauer: 55, 55, 55 / 50, 5, 50, 5

1	2	3	4	5	6	7	8	9	10
11	12	13	14	15	16	17	18	19	20
21	22	23	24	25	26	27	28	29	30
31	32	33	34	35	36	37	38	39	40
41	42	43			47	48	49	50
51	52	53		55		57	58	59	60
61	62	63		65		67	68	69	70
71	72	73		75		77	78	79	80
81	82	83				87	88	89	90
91	92	93	94	95	96	97	98	99	100

Ich kann das Feld so oder so auflegen:

$$\begin{array}{r} 5\,5 \\ 6\,5 \\ +\,7\,5 \\ \hline 1\,9\,5 \end{array}$$

5 a) Lege das Fenster auf die Hundertertafel. Addiere die Zahlen im Fenster.

b) Suche das kleinste und das größte Ergebnis.

6 Rechnungen mit 44

Lege das Fenster so auf die Hundertertafel, dass die 44 zu sehen ist.

a) Wie viele verschiedene Rechnungen findest du? Schreibe auf.

b) Welches Ergebnis ist das größte, welches das kleinste? Begründe.

c) Probiere es auch mit der Zahl 75.

$$\begin{array}{r} 4\,2 \\ 4\,3 \\ +\,4\,4 \\ \hline 1\,2\,9 \end{array}$$

7 Fenster verschieben

Lege das Fenster auf die Hundertertafel. Rechne.

a) Verschiebe das Fenster jetzt um ein Feld nach rechts: Rechne. Wie verändert sich das Ergebnis?

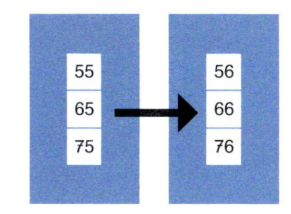

b) Vergleiche mit deinem Partner. Erklärt.

c) Jeder verschiebt sein Fenster nun nach oben, unten oder links. Rechnet. Vergleicht und erklärt.

8 Gerade – ungerade Zahlen

Lege das Fenster an verschiedenen Stellen auf die Hundertertafel. Rechne. Manche Ergebnisse sind gerade, manche ungerade.

Kannst du eine Regel aufstellen? Vergleiche mit deinem Partner.

Immer wenn die mittlere Zahl …

9 a) Lege das Fenster so, dass in der Mitte diese Zahlen liegen. Rechne.

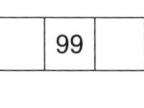

Betrachte die mittlere Zahl und die Ergebnisse.

b) Kannst du eine Regel erkennen? Erkläre sie.

10 a) Ergebnis 150: Lege das Fenster so, dass die Summe aller 3 Zahlen 150 ist.

b) Versuche auch die Ergebnisse 99, 222 und 204 zu erhalten.

Überschlagen ...

① **Spiel für Blitzrechner**

Sophia: 300 + 200 + 100
Luis: 350 + 250 + 200
Elisa: 400 + 300 + 200
Sebastian: 400 + 200 + 200

Auf dem Tisch: 352 + 251 + 196
Karten: 600, 800, 800, 900

Wie haben die Kinder gerechnet?

... wählt immer den näher liegenden Hunderter.

... lässt alle Zehner und Einer weg.

... wählt nahe liegende Zehnerzahlen.

... nimmt einmal den größeren und dafür einmal den kleineren Hunderter.

„Blitzschnell" rechnen kannst du nur mit gerundeten Zahlen. Rechnen mit gerundeten Zahlen nennt man **Überschlagen**.

Wer trifft das Ergebnis am genauesten? Warum?

② **Spielt in der Gruppe:**
- 1 Aufgabenkärtchen aufdecken.
- 10 Sekunden rechnen, Ergebnis aufschreiben.
- Wer kommt dem Ergebnis am nächsten?

Überschlage blitzschnell.

③ Überschlage blitzschnell. Versuche, das Ergebnis möglichst genau zu treffen.

a) 342 + 126 + 156 = ☐
Ü: 300 + 100 + 200 = 600

342 + 126 + 156
76 + 261 + 187

362 + 153 + 201
614 + 184 + 93

b) 749 − 348 − 202 = ☐
Ü: 750 − 350 − 200 = 200

749 − 348 − 202
648 − 253 − 344

554 − 311 − 149
987 − 514 − 449

... und überprüfen

4 Manche Fehler findet man durch den Überschlag.

> 134 + 65 + 196 = 980   Ü: 100 + 100 + 200 = 400

Hier stimmt etwas nicht!

Erkläre und rechne nach.

5 Drei Ergebnisse sind falsch. Finde sie durch den Überschlag.
Rechne diese dann richtig.

| 581 + 203 + 77 = 761 | 299 + 117 + 443 = 859 | 325 + 33 + 66 = 524 |

| 613 − 289 − 82 = 242 | 803 − 243 − 450 = 210 | 763 − 384 − 32 = 347 |

6 Genaues Überprüfen: Hier hilft die Umkehraufgabe (U).

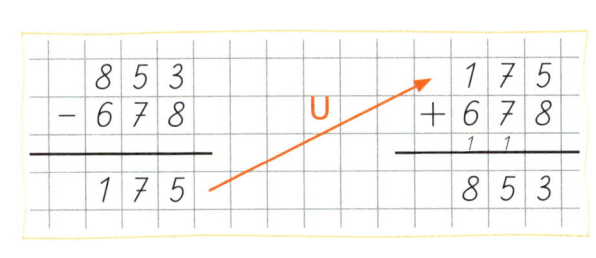

```
  8 5 3              1 7 5
− 6 7 8      U    + 6 7 8
─────────          ─────────
  1 7 5              8 5 3
```

Ich rechne die Umkehraufgabe.

Überprüfe mit der Umkehraufgabe und rechne fehlerhafte Aufgaben richtig.

a) 948   725   612   837   458
   −279   −384   −474   −549   −286
   ────   ────   ────   ────   ────
    679   341   238   288   162

b) 483   369   676   256   748
   +257   +456   +149   +675   +189
    1 1   1   1 1   1   1 1
   ────   ────   ────   ────   ────
    740   815   825   831   936

7 Addiere und überprüfe mit der Umkehraufgabe.

   315   608   364   774   917
  +437   +245   +249   +348   +683

Sekunden – Minuten – Stunden

1 Miss die Zeit mit einem Sekundenzeiger oder einer Stoppuhr.
Vergleicht in der Klasse.

Wie lange brauchst du, um deine Schuhe anzuziehen?	Wie lange brauchst du, um das Abc aufzusagen?	Wie lange kannst du dein Zahlenzauber-Buch auf dem Kopf balancieren?
Wie lange kannst du deinen Partner ansehen, ohne zu lachen?	Wie lange kannst du auf den Zehenspitzen stehen?	? Wie lange …

Um ganz kurze Zeitspannen zu messen, teilen wir eine Minute in 60 Sekunden ein.
Der Sekundenzeiger wandert einmal rund um das Ziffernblatt.
1 min = 60 s

18:53

2 Beobachte den Sekundenzeiger bei seiner Runde.
Zähle die Sekunden mit. Klopfe dazu.

3 Schätzübung: Dein Partner hat die Uhr und sagt „los!", wenn der Sekundenzeiger bei der 12 ist.
Kannst du genau sagen, wann 10 Sekunden vergangen sind, ohne auf die Uhr zu sehen?
Versucht es auch mit 15 Sekunden, 30 Sekunden, 1 Minute, …

4 a) Forsche nach: Wann werden Sekunden gemessen? Welche Uhren verwendet man dafür? Wie werden Sekunden aufgeschrieben? Was kannst du in 1 Sekunde tun?
b) Vergleiche mit deinem Partner.
c) Gestaltet in der Klasse ein „Sekunden-Plakat".

5 Stunden – Minuten – Sekunden: Wandle um.

1 h = ☐ min	1 min = ☐ s	$\frac{1}{2}$ h = ☐ min	100 min = ☐ h ☐ min
2 h = ☐ min	2 min = ☐ s	$\frac{1}{4}$ h = ☐ min	200 min = ☐ h ☐ min
5 h = ☐ min	5 min = ☐ s	$\frac{3}{4}$ h = ☐ min	500 min = ☐ h ☐ min
10 h = ☐ min	10 min = ☐ s	$1\frac{1}{2}$ h = ☐ min	1000 min = ☐ h ☐ min

6 Das Stoppuhrenspiel

"Stopp!"

"12 Sekunden. Dann fehlen noch 48 Sekunden bis zu einer Minute."

- Einer startet die Stoppuhr.
- Der Partner sagt „Stopp!".
- Wie viele Sekunden sind vergangen?
- Ergänze zur vollen Minute.

Schreibe so auf:

| 1 | 2 | s | + | | = | 1 | min |

7 Wie lange dauern die Filme? Vergleiche.

Film	Beginn	Ende
Ice Age	14.40 Uhr	16.05 Uhr
Shrek	14.40 Uhr	16.09 Uhr
Madagaskar	15.15 Uhr	17.00 Uhr
Die wilden Hühner	15.25 Uhr	17.08 Uhr
Hanni und Nanni	15.55 Uhr	17.27 Uhr

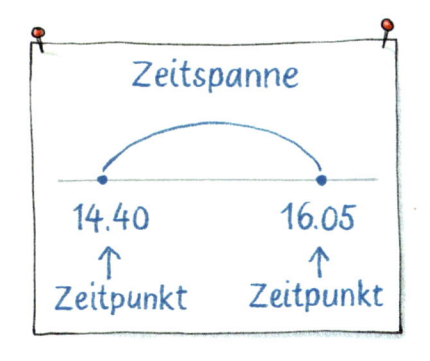

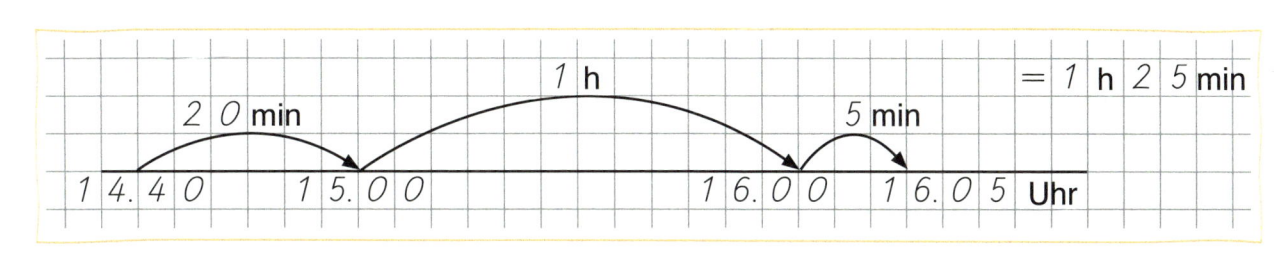

Zeitspanne

14.40 → 16.05
Zeitpunkt Zeitpunkt

Zeitstrahl: 14.40 —20 min→ 15.00 —1 h→ 16.00 —5 min→ 16.05 Uhr = 1 h 25 min

8 Gestaltet ein Lernplakat mit Zeitspannen.

Schreibe die Zeitspannen auch in dein 📖.

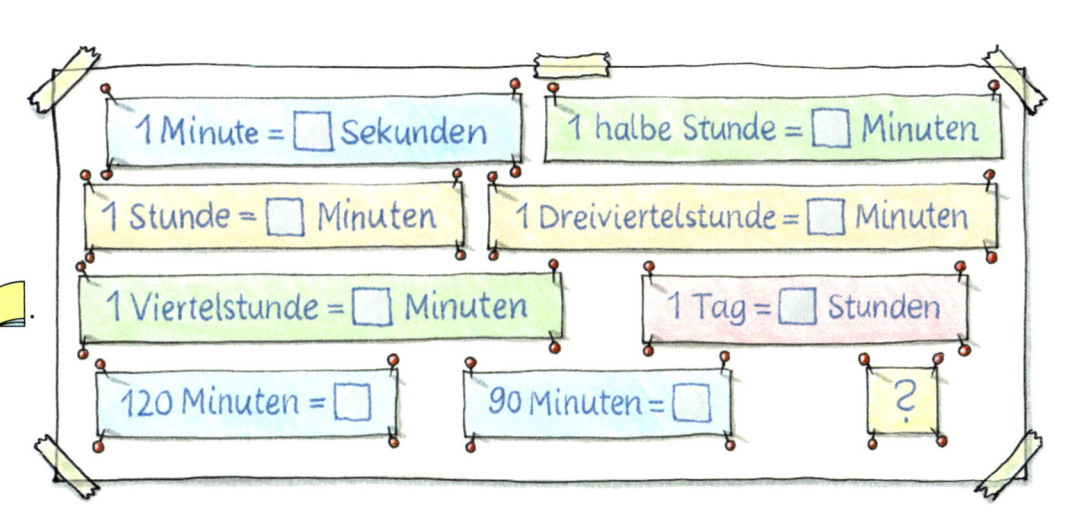

- 1 Minute = ☐ Sekunden
- 1 halbe Stunde = ☐ Minuten
- 1 Stunde = ☐ Minuten
- 1 Dreiviertelstunde = ☐ Minuten
- 1 Viertelstunde = ☐ Minuten
- 1 Tag = ☐ Stunden
- 120 Minuten = ☐
- 90 Minuten = ☐
- ?

Eine Reise …

Familie Westkamp aus Düsseldorf plant eine Reise zu Omas Geburtstag.

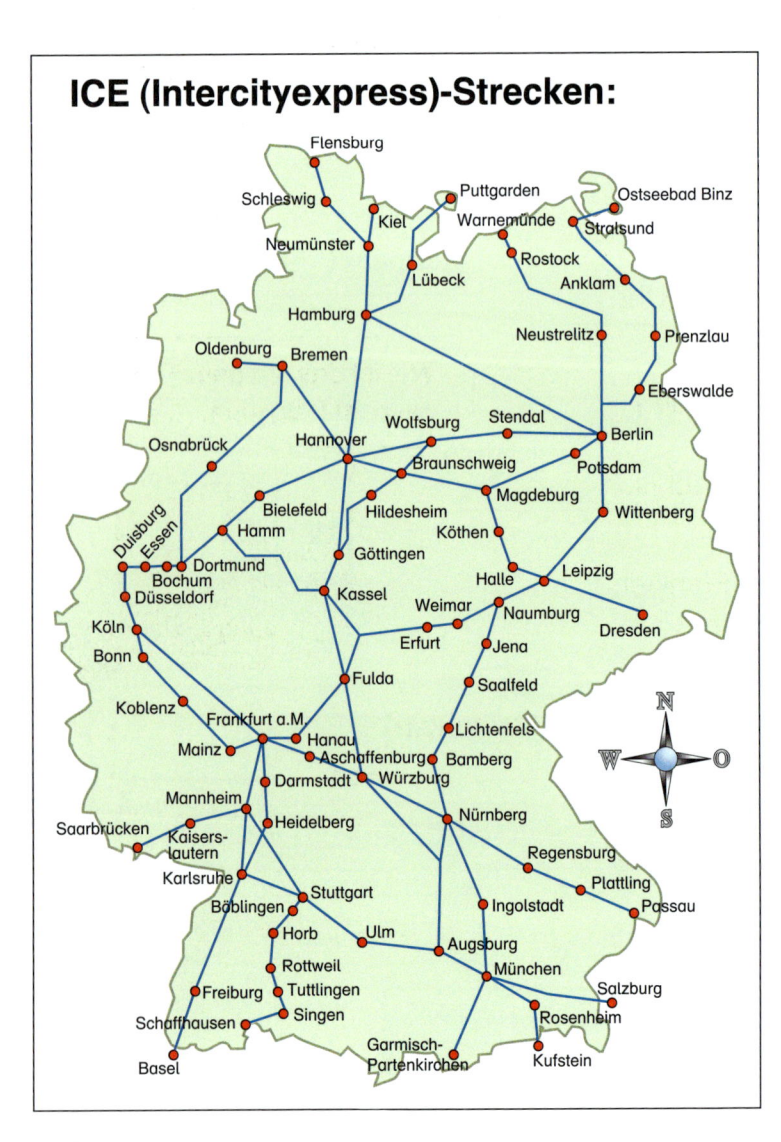

Einladung zu meinem Geburtstag am kommenden Samstag ~ Oma

Abs. E. Westkamp
Landgrafenstraße
10787 Berlin

Ich freue mich auf Oma. Und auf Berlin!

Dieses Mal fahren wir mit der Bahn, mit einem ICE …

Toll, wir fahren mit dem Zug!

Wir können im Internet nachschauen, wie wir dorthin kommen.

ICE (Intercityexpress)-Strecken:

1. Bist du schon einmal mit einem ICE-Zug gefahren? Findest du die Strecke auf dem Plan?

2. Zeige auf dem Plan:
   a) Wo liegt dein Wohnort ungefähr?
   b) Welche großen Städte liegen in deiner Nähe?
   c) Welche Städte liegen im Norden, Süden, Westen, Osten Deutschlands?
   d) Wo in Deutschland liegen München, Düsseldorf, Kiel, Freiburg, Kassel? Beschreibe. Achte dabei auf die Himmelsrichtungen.

   Stelle deinem Partner weitere Fragen.

3. Wie können Familie Westkamp und Familie Meier nach Berlin reisen? Durch welche Städte fahren sie? Zeige und beschreibe.

4. Wie könntest du nach Berlin fahren?

... nach Berlin

AH S. 84

Frau Meier, die Schwester von Herrn Westkamp, wohnt in München.
Auch sie fährt mit ihren Kindern zu Omas Geburtstag.

- Wir treffen Maria und Paul.
- Hmm, was nehme ich mit?
- Was kostet wohl die Fahrt?
- Wann fahren wir los?
- Wie schnell fährt denn eigentlich ein ICE?

Düsseldorf Hbf → Berlin Hbf

Ab	Gleis	An
6:53	12	12:10
7:53	11	13:22
8:53	12	14:11
9:53	11	15:14
10:53	12	16:11
11:53	11	17:11
12:53	12	18:10
13:53	11	19:19

München Hbf → Berlin Hbf

Ab	Gleis	An
7:16	25	13:08
7:50	19	14:05
8:16	25	15:17
9:19	24	15:18
9:50	19	16:06
11:15	25	17:18
11:50	19	18:05
13:15	25	19:18
13:19	24	20:05

Normalpreis ICE

Hin- und Rückfahrt	Erw.	Kind bis 14 Jahre	Kind * bis 14 J.
Düsseldorf	222 €	111 €	0 €
München	250 €	125 €	0 €

* in Begleitung ihrer Eltern

5 Wie lange dauern die Fahrten von Düsseldorf und München nach Berlin?
Überschlage, rechne und überprüfe dein Ergebnis.

6 Plane die Bahnfahrten so, dass die beiden Familien ungefähr zur gleichen Zeit in Berlin ankommen.

7 a) Wie viel müssen beide Familien für Hin- und Rückfahrt bezahlen?
Überschlage, rechne und überprüfe dein Ergebnis.
Erkundige dich auch nach Sparpreisen im Internet.

b) Wie viel kostet die Zugfahrt für alle Kinder, wenn sie ohne Eltern zur Oma fahren würden?

8 Plane eine Reise für deine Familie. Wo wollt ihr hin?
Besorge dir Informationen zu Fahrzeiten und Preisen.
Präsentiere deine Ergebnisse in der Klasse.

- Wie ist das mit dem Fernbus, mit dem Flugzeug, …?

Ein Wochenende im Weserbergland
Preise und Zeiten
von:
über:
nach:
KOSTEN: 376 €

Parkette

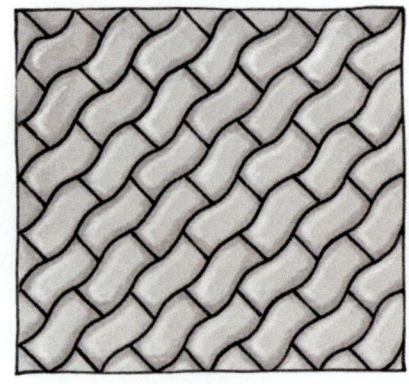

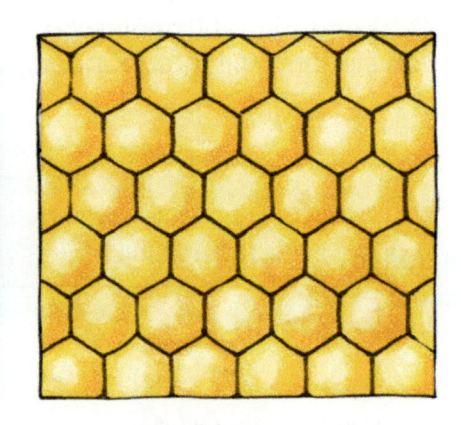

1 a) Betrachte die Bilder. Wo findest du diese Muster in der Umwelt?

b) Was stellst du fest?

… immer nur 1 Form …

… keine Lücken …

… passen genau …

… sind deckungsgleich …

> Eine Fläche, die man lückenlos und ohne Überlappung mit deckungsgleichen Formen auslegen kann, nennt man **Parkett**.

?

c) Fotografiere Parkette in deiner Umgebung oder bringe Bilder mit. Macht eine Ausstellung.

2 a) Nimm deine Plättchen und lege diese Parkette nach.

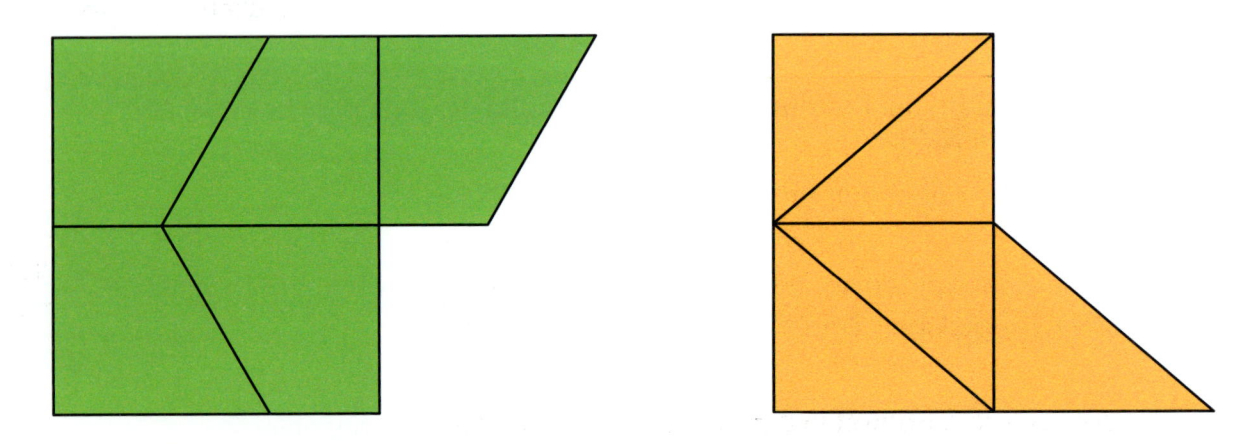

b) Nimm ein Plättchen als Schablone und zeichne ein Parkett.

c) Nimm das gleiche Plättchen. Erfinde ein neues Parkett.

3 Stelle dir aus Karton selbst ein Dreieck oder Viereck her.

a) Erstelle ein neues Parkett. Zeichne.

b) Geht das mit jedem Dreieck oder Viereck?

AH S. 85/86

④ Nehmt andere Plättchen.
Versucht gemeinsam Parkette zu legen.
Was stellt ihr fest?

Tipp: Ihr könnt auch 2 Plättchenformen kombinieren!

⑤ „Knabbertechnik"

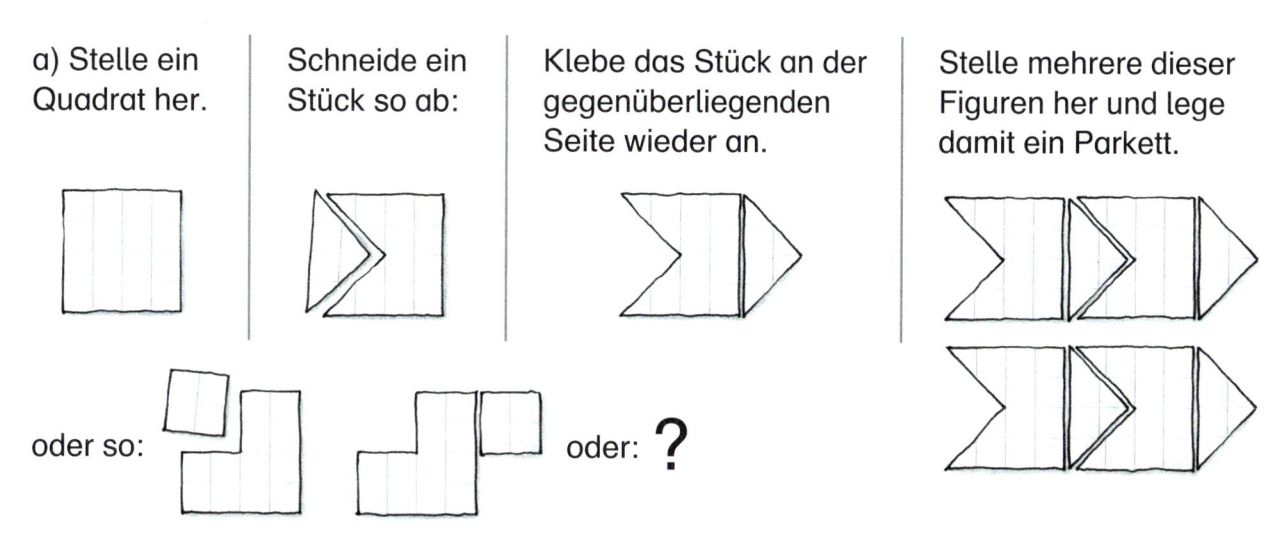

a) Stelle ein Quadrat her. | Schneide ein Stück so ab: | Klebe das Stück an der gegenüberliegenden Seite wieder an. | Stelle mehrere dieser Figuren her und lege damit ein Parkett.

oder so:　　　　　　　　oder: ?

b) Verwende eine Figur als Schablone und zeichne ein Parkett.

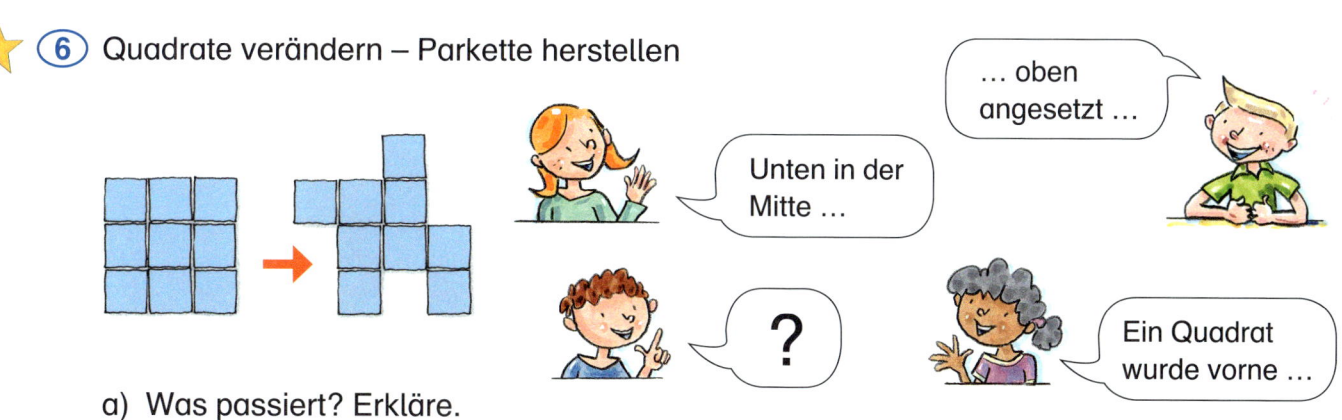

⑥ Quadrate verändern – Parkette herstellen

Unten in der Mitte …

… oben angesetzt …

?

Ein Quadrat wurde vorne …

a) Was passiert? Erkläre.

b) Übertrage das Parkett in dein Heft. Zeichne weiter.

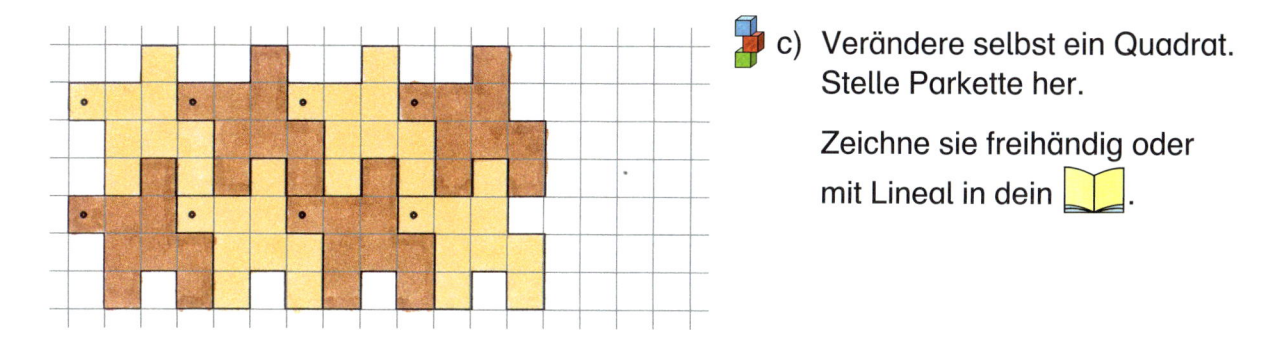

c) Verändere selbst ein Quadrat. Stelle Parkette her.

Zeichne sie freihändig oder mit Lineal in dein 📖.

Abschied von der 3. Klasse – Grundwissen ⑤

1 Rechne.

a) 360 + 20	b) 540 + 4	c) 870 − 50	d) 680 − 3
360 + 2	540 + 40	870 − 5	680 − 30
360 + 22	540 + 44	870 − 55	680 − 33

2 Zähle in Schritten.

a) 240, 250, … 360
b) 488, 490, … 508
c) 605, 604, … 589
d) 1000, 900, … 0

3

100	
27	☐
44	☐
56	☐

1000	
327	☐
444	☐
156	☐

100	
89	☐
21	☐
11	☐

1000	
889	☐
721	☐
111	☐

4
a) 36 + 27
28 + 44
67 + 25

b) 85 − 36
91 − 43
74 − 27

c) 66 − 38
42 − 19
53 − 25

5
a) 7 · 4   7 · 8
8 · 4   8 · 8
9 · 4   9 · 8

b) 5 · 7   7 · 9
6 · 7   8 · 9
7 · 7   9 · 9

6
a) 240 = ☐ · 3
240 = ☐ · 40
240 = ☐ · 60

b) 360 = ☐ · 40
360 = ☐ · 90
360 = ☐ · 6

7 3 Zahlen – 4 Aufgaben

60, 4, 240   720, 8, 90   560, 7, 80

8 Wie heißt die Zahl? Schreibe in die Stellenwerttafel.

a) ☐☐☐ ǁ ·

a)	T	H	Z	E
		3	2	2

b) ☐☐☐☐ ·

c) ☐☐☐☐☐ ǁǁǁǁ

d) ☐☐☐☐☐ ☐☐☐☐☐

e) ☐ ·

f) ☐☐☐ ǁǁǁ

g) ☐☐ ǁǁǁǁǁ ǁǁǁ ·

h) ǁǁǁǁ

Bis bald!

9
546	428	349	677	436	568
+ 236	+ 367	+ 512	+ 204	+ 282	+ 173

10
982	864	753	674	543	925
− 234	− 338	− 448	− 239	− 166	− 346

11
a) 42 : 6
42 : 7
420 : 6
420 : 70

b) 54 : 6
54 : 9
540 : 60
540 : 9

12
300 : 3
300 : 10
300 : 30
300 : 100
300 : 60
300 : 50
300 : 6
300 : 5

13
a) 360 : 4
360 : 10
360 : 90
360 : 40
360 : 6

b) 720 : 10
720 : 9
720 : 8
720 : 80
720 : 60

14 >, <, =

793 ◯ 973
641 ◯ 416
818 ◯ 880

15 Wie heißen die Zahlen?

a) H Z E

2 H 3 Z 5 E = 2 3 5

b) H Z E

c) H Z E

d) H Z E

e) H Z E

f) H Z E

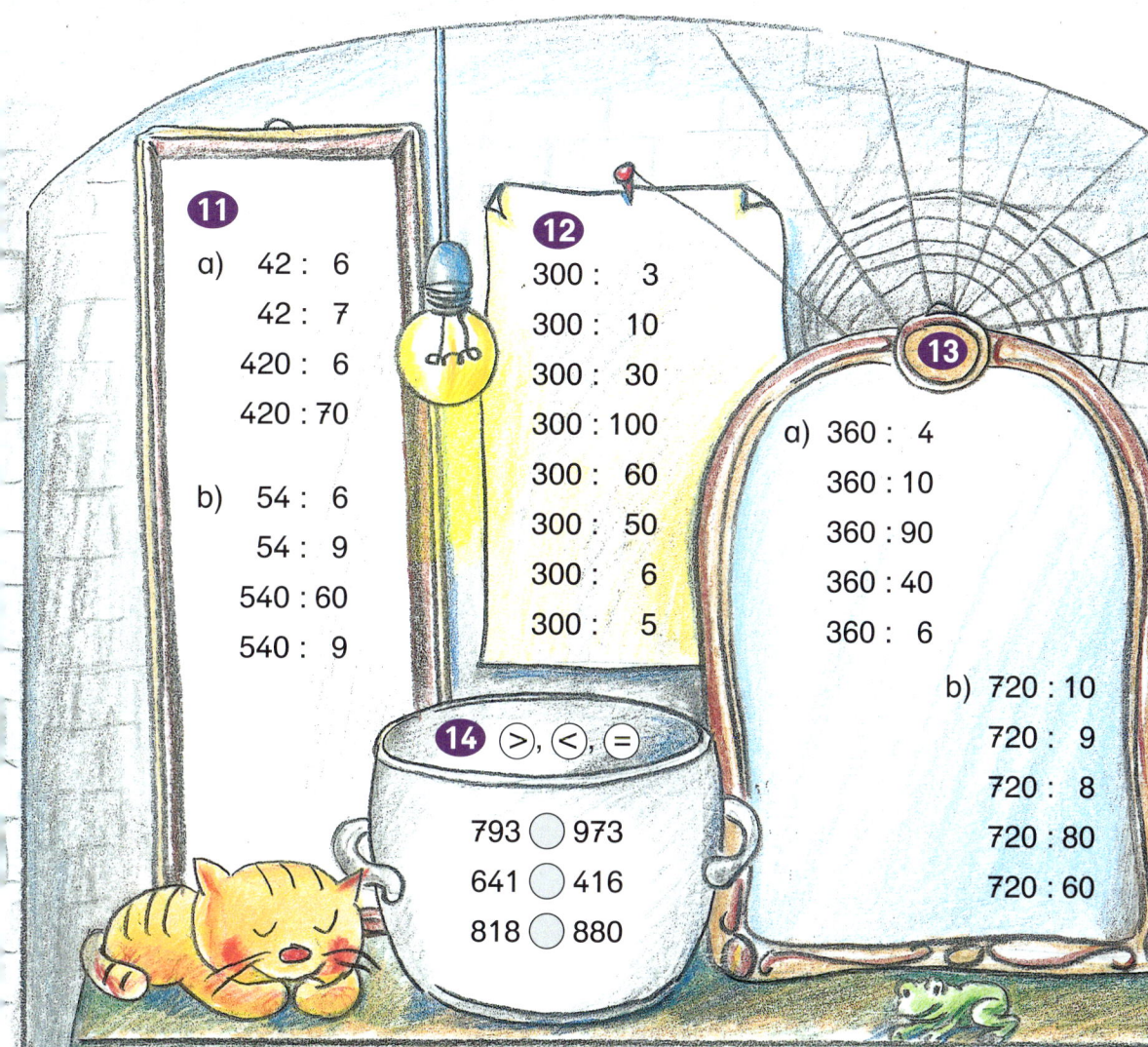

Schöne Ferien!

Quellenverzeichnis:
S. 6, 7, 10, 11, 22, 23, 40, 51, 88, 90, 92, 93, 110, 111, 115: Holzmaterial: © Melanie Beutel, München
S. 34, 35: Euromünzen: © Europäische Union
S. 35, 100, 101: Euroscheine: Quelle: Deutsche Bundesbank
S. 59 links: INTERFOTO/THE TRAVEL; Mitte links: mauritius images / Kim Petersen; Mitte rechts: Colourbox; rechts: mauritius images/Sindre
S. 84 links: Fotolia.com / © Yevgen Kotyukh; S. 84 Mitte links: mauritius images / Tetra Images;
S. 84 Mitte rechts: Fotolia.com / © katz23; S. 84 rechts: Fotolia.com / © Agatha Brown
S. 102 oben links: Fotolia.com / © A_nik; S. 102 oben rechts: Fotolia.com / © 77SG;
S. 102 unten links: Fotolia.com / © aperturesound; S. 102 unten Mitte: Fotolia.com / © StockPhotosArt;
S. 102 unten rechts: mauritius images / Alamy
S. 103 oben links: Shutterstock / © s-ts; S. 103 oben rechts: © Caro Fotoagentur GmbH / Sven Hoffmann;
S. 103 unten links: Fotolia.com / © sorcerer11; S. 103 Mitte rechts + unten rechts: Fotolia.com / © MP2; unten Mitte links: Fotolia.com / © cristi180884
S. 106 links: picture alliance / blickwinkel; S. 106 rechts: picture alliance / dpa
S. 107 links: Fotolia / © Visions-AD; S. 107 rechts: Fotolia.com / © Patrick G.
S. 108 links: Shutterstock / © Zaptih; Mitte: Fotolia.com / © Kuzmick; rechts: imago / Westend 61
S. 116: picture alliance / blickwinkel
S. 117.1: picture alliance / blickwinkel; S. 117.2: Your photo today / A1 pix / superbild;
S. 117.3: picture alliance / dpa; S. 117.4: Fotolia.com / © Charlie Hambsch;
S. 117.5: Your photo today / A1 pix / superbild; S. 117.6: Fotolia.com / © Frank F. Haub
S. 134/135: Gemäuer: © Kristina Klotz, München

Zahlenzauber 3

Erarbeitet von:	Bettina Betz, Angela Bezold, Ruth Dolenc-Petz, Hedwig Gasteiger, Carina Hölz, Petra Ihn-Huber, Christine Kullen, Elisabeth Plankl, Beatrix Pütz, Carola Schraml, Karl-Wilhelm Schweden
Redaktion:	Anna Weininger, München; Christine Fischbacher
Illustration:	Mathias Hütter, Schwäbisch Gmünd; Renate Möller, Berlin (S. 4, 16, 24, 25, 34, 36, 37, 43, 51, 52, 53, 54, 55, 56, 57, 58, 66, 67, 69, 70, 71, 72, 73, 78, 80, 85, 87, 88, 89, 90, 96, 97, 100, 102, 103, 106, 107, 108, 109, 112, 114, 116, 118, 119, 128, 131, 132, 133)
Grafik:	Detlef Seidensticker, München (S. 17, 61, 99, 108, 117, 118, 119, 120, 130)
Umschlagkonzept:	Mendell & Oberer, München
Umschlaggestaltung:	grundmanngestaltung, Karlsruhe; Corinna Babylon, Berlin
Umschlagillustration:	Mathias Hütter, Schwäbisch Gmünd
Layout:	artesmedia, Glonn
Technische Umsetzung:	PER MEDIEN & MARKETING GmbH, Braunschweig

www.oldenbourg.de

1. Auflage, 1. Druck 2017

Alle Drucke dieser Auflage sind inhaltlich unverändert
und können im Unterricht nebeneinander verwendet werden.

© 2017 Cornelsen Verlag GmbH, Berlin

Das Werk und seine Teile sind urheberrechtlich geschützt.
Jede Nutzung in anderen als den gesetzlich zugelassenen Fällen bedarf
der vorherigen schriftlichen Einwilligung des Verlages.
Hinweis zu den §§ 46, 52a UrhG: Weder das Werk noch seine Teile dürfen ohne eine
solche Einwilligung eingescannt und in ein Netzwerk eingestellt oder sonst öffentlich
zugänglich gemacht werden.
Dies gilt auch für Intranets von Schulen und sonstigen Bildungseinrichtungen.

Druck: Firmengruppe APPL, aprinta Druck, Wemding

ISBN 978-3-637-01874-7

PEFC zertifiziert
Dieses Produkt stammt aus nachhaltig bewirtschafteten Wäldern und kontrollierten Quellen.
www.pefc.de

Dieses Lehrwerk ist auch als E-Book auf *www.cornelsen.de/e-books* verfügbar.